「笑顔」と「運動」で楽しく介護予防

最後まで自分の足でトイレにいける人生を

成田実佐江 著

セルバ出版

はじめに

はじめまして、成田実佐江と申します。

私は今、介護福祉士・健康運動指導士・介護予防運動指導員として、高齢者の方々の介護予防を目的に、運動指導や機能訓練に特化した「フィットネス型デイサービス」事業に重視しています。この春には、さらに痛みや機能改善のための治療院もオープンしました。


少しだけ自己紹介をさせてください。

スポーツクラブでアルバイトのトレーナーをはじめたことをきっかけに、まずはエアロビクスの世界に入りました。20歳からトレーナーとして運動の知識を身につけ、幅広い年齢層の受講生との関わりを通じて、非常に多くのことを学ばせていただきました。

これらの経験と多くのご縁が重なり、高齢者の方々の介護予防運動にも携わることになりました。京都府福知山市の介護予防事業における運動指導を請け負うなど、こちらの分野でも多くの貴重な経験を重ねてくることができました。

数がすべてではありませんが、フィットネス型デイサービス「えむずケア」を立ち上げ後6年で、延べ3万人の方々の運動指導に携わることができました。

それだけでなく、次世代の指導者育成も力を入れています。

おかげさまで、これまで100人以上の方を、指導者として世に送り出すことができました。


多くの方がご存じのように、日本は超高齢化社会に向かって一直線に進んでいます。

少子化の波はとどまるところを知らず、労働可能人口は大幅に減少し、経済はもとより、社会のさまざまな分野で未来に対する不安が大きくなっています。

公的年金や健康保険といった社会を支えるインフラにも限界が見えはじめ、いわゆる現役世代の背中に圧し掛かる負担は文字通り重いものになっています。高齢者の世代にとっても、十分な額の年金を手にすることが難しい、受給開始年齢が遅れるなどの実際的な問題が生じています。

誰もが重苦しい気分を抱えながら、誰もが解決策を見出せずにさらに苦しんでいる。

このように書くのは非常に心苦しいのですが、私たちが向き合うべき現実がこれです。

声高に語られる「人生100年時代」という言葉には明るい響きが伴っていますが、残念ながら現実のほうには、その明るさがまるで届いてはいないといわざるを得ません。

高齢化社会を覆う暗い影の1つに、介護の問題があります。

既に経験された方には釈迦に説法のような話になってしまいますが、介護は、する方はもちろん、される方にとっても、さまざまな面で負担の大きいものです。

特に親族間での介護ということになれば、お互いに元気だった頃の思い出が、むしろマイナスに作用してしまうのか、ときに悲しい事件にまで至ってしまうような問題も起こります。これまで、運動指導を通じて、介護をめぐる悩みに少なからず接してきました。私が関わるのは運動面なので深刻な状況に直面することはありませんでしたが、それでも、する方・される方、双方の苦しみを垣間見る瞬間がなかったとはいえません。

とはいえ、思ったように「動けない」という問題はそれ自体、重要なものです。

自分の足で動けるという事実は人間の尊厳に直結しており、だからこそ、動けないという事実は直接／間接を問わず、介護をめぐる現実に暗い影を落としているわけです。

私が全身全霊で取り組んでいるのは、そんな影をできるだけ多くの人からはらうことです。

介護という問題への向き合い方は、どういう施設を選ぶかということだけではなく、そもそも、介護を受ける状態へと至る時期をできるだけ遅らせること、できれば最期の瞬間まで、自分の足でトイレにいける人生を送ることも含まれています。

自分の足で歩くことができれば、身体が健康であることの証明になるだけでなく、心の健康にも大きなプラスの効果があるといえます。人は身体が資本の生き物ですが、心の生き物でもあります。そんな心の部分にもしっかりと目を向け、だからこそ身体の健康の重要性を訴えること。

そんな想いから、本書の執筆を決意しました。

介護予防の運動といえば、何か特別なものを思い浮かべる方もいるかもしれません。ですが、本書で紹介する介護予防の運動は、本格的なトレーニングのための準備運動も含めて、どれもシンプルで、誰もが簡単に実践できるものばかりです。

仕事や家事で忙しい方々でも、それほど長い時間をかけずに取り組むことができます。

まだまだ介護なんて先のこと。今はそんな風に考えている方がいらっしゃるとしたら、私は声を大にしてお伝えしたい。あなたの老後はすでにはじまっているんです、と。

介護予防のための運動をスタートするのに早すぎるということはありません。スタートするのが早ければ早いほど、その効果は大きくなり、しかも長続きします。だからこそ、「思い立ったが吉日」の気持ちで取り組んでいただきたいと思うのです。

何より大切なのは、楽しさを常に忘れないことです。

私自身、「元気と笑顔を届ける」を理念に、「一生、自分の足で歩いて暮らす人を増やす」ことに尽力していますし、これからも尽力し続けます。楽しさの形は人それぞれかもしれません。しかし、楽しくなければ続かないし、介護予防には続けることが一番です。

そんな想いが、本書を通じてみなさんに届けばと、心より願っています。

成田　実佐江

２０２３年６月

「笑顔」と「運動」で楽しく介護予防　～最後まで自分の足でトイレにいける人生を～ 目次

第2章　ほんの少しの運動が「老後」を変える

第3章　楽しい運動①　太ももの筋肉を鍛える

第4章　楽しい運動②　お尻の筋肉を鍛える

第5章　楽しい運動③　体幹の筋肉を鍛える

第6章　幸せな「老後」に向けた意識改革のススメ！

第1章　なぜ「介護予防」が大切なのか

1．超高齢化が引き起こす多くの困難

日本の社会の現状

今の日本では「少子高齢化」が大きな社会の課題の1つとされています。

ここから、「高齢化社会」といういい方をされる場合も少なくありませんが、これは必ずしも適切な表現ではありません。

高齢化社会とは、総人口に占める65歳以上の方々の割合が7％を超えた社会をいいます。この割合のことを一般に「高齢化率」と呼んでいます。

高齢化社会と似て非なる言葉に「高齢社会」というものがあります。

高齢社会とは高齢化率が14％を超えた社会を指します。たった1文字の違いですが、高齢化率は2倍以上も異なります。さらに高齢化率が21％を超えると、「超高齢社会」と定義されることになります。高齢化社会よりも3倍以上、高齢化率が高くなった社会のことです。

今の日本がどれに該当するか、みなさんはご存じでしょうか？

日本の高齢化率は、２０１０年（平成22年）に23％を超え、次ページの内閣府データの通り、２０２１年（令和３年）には28・９％にまで上昇しています。

つまり、日本は既に高齢社会の段階を過ぎ、何と10年以上も前から超高齢社会に突入しているわけです。さらに少子高齢化の波はとどまるところを知らず、現在はおよそ３人に１人が高齢者に該当し、そして約30年後の２０５５年には高齢化率が38％を超えると予測されています。

ここまでの状況になると、公的年金や健康保険など、日本の社会を長く支えてきた重要な制度が崩壊の危機に晒されることになります。

数年前にはいわゆる「老後資金２０００万円」問題が世間を騒がせましたが、背景にはこうした社会構造の変化があるわけです。

リタイアした高齢者を現役世代が支えることは、社会にとっての必要不可欠な仕組みです。しかし、現役世代にかかる負担があまりに大きければ、遠からず破綻することは明らかです。

今の日本が晒されているのは、まさにこうしたリスクに他なりません。未来を生きる若い世代の負担にも目を向けていく姿勢が求められています。

多くの困難をポジティブに受け止める

これら社会保障制度以外の問題にも目を向ける必要があります。

超高齢化社会においては、医療や福祉の担い手の減少、経済成長のさらなる鈍化、国や自治体における財政悪化、そして高齢者のQOL（クオリティ・オブ・ライフ＝心身両面での日常生活の質）の低下といった多くの社会問題＝困難が生じることになります。

どれ1つをとっても、簡単には解決できないものばかりです。

それだけでなく、それぞれの問題が非常に複雑に絡み合っていて、一言でいうならば、「あちらを立てればこちらが立たず」の状況に陥ります。

医療や福祉の担い手を増やすためには、人件費を上げるのがもっとも簡単な方法といえますが、そのためには健康保険制度が安定稼働し、国や自治体の財政基盤も整っていなければなりません。

しかしそれが極めて困難であることは、みなさんも容易に想像ができるでしょう。

超高齢社会における困難のなかでのもっとも身近な問題が、高齢者のQOLの確保です。それを十分に確保することができれば、介護にまつわる困難は大きく軽減することになります。

この点に関しては、国や自治体も意識をもって取り組みを進めようとしています。

もちろん、「人生100年時代」という呼びかけもその1つです。

医療の進歩等によって、人間の寿命は以前よりも確実に長くなっています。それを「高齢化」とネガティブに受け止めるのではなく、むしろ「長寿命化」とポジティブに捉えていくべき。

それが「人生100年時代」の背景にある意識です。

長くなった寿命をしっかりと使い切ること。

いわゆる「老後」の時間を短くすること。

いいかえれば、それを人生の二毛作・三毛作と捉え、企業などを退職した後にも、別の人生の目的を掲げ、働き続け、社会に貢献する／社会から必要とされる時間をできるだけ多く過ごすこと。

そのために、たとえば「地域包括ケアシステム」のような仕組みが作られ、就業や所得の支援、健康や福祉の充実、学習や社会参加のサポートなど、多方面にわたる取り組みが行われています。

この点は、多くの困難のなかでも非常にポジティブな動きであるといえます。

健康寿命をいかに延ばすか

だからといって、国や自治体に任せるだけで、自動的に問題が解決するわけではありません。

自然災害などの場合でも同様ですが、公助に期待するだけではなく、自助＝ふだんからの十分な備えが必要であると、私たちに求められる姿勢は確実に変わってきています。

家族全員が1週間程度は困らないだけの食料と水の確保。

あるいは、家具などの転倒防止。そして地域における支え合いの仕組みの確認。これらの備えをしっかりとしておくことで、万が一の場合にも安心して過ごすことができます。

少し話は逸れますが、有事において心の安定を確保することは何よりも重要な問題です。

もちろん、物理的な困難が軽い問題だと主張したいわけではありません。

それでも、ハードな状況に臨むに際して、気持ちの方が先に押しつぶされてしまっては、どんなサポートもその効果を発揮することができません。

自助の精神の大切さは、高齢者のＱＯＬの確保についても同様に当てはまります。

充実した「人生１００時代」を過ごすためには「健康寿命」を延ばすことが不可欠です。

どれだけ寿命が延びたとしても、ベッドで寝たきりの生活が続いては、本人はもちろんのこと、支える家族の心の負担は非常に大きなものとなります。先ほどお伝えしたような

〔図表1　日本の高齢化の現状〕

単位：万人（人口）、%（構成比）				
		令和3年10月1日		
		総数	男	女
人口	総人口	12,550	6,102 （性比）94.6	6,448
	65歳以上人口	3,621	1,572 （性比）76.7	2,049
	65～74歳人口	1,754	839 （性比）91.7	915
	75歳以上人口	1,867	733 （性比）64.7	1,134
	15～64歳人口	7,450	3,772 （性比）102.6	3,678
	15歳未満人口	1,478	757 （性比）105.0	721
構成比	総人口	100.0	100.0	100.0
	65歳以上人口（高齢化率）	28.9	25.8	31.8
	65～74歳人口	14.0	13.8	14.2
	75歳以上人口	14.9	12.0	17.6
	15～64歳人口	59.4	61.8	57.0
	15歳未満人口	11.8	12.4	11.2
資料：総務省「人口推計」令和3年10月1日（令和2年国勢調査を基準とする推計値）				
（注1）「性比」は、女性人口100人に対する男性人口				
（注2）四捨五入の関係で、足し合わせても100.0%にならない場合がある。				

（引用：内閣府ホームページより）

〔図表2　平均寿命と健康寿命の推移〕

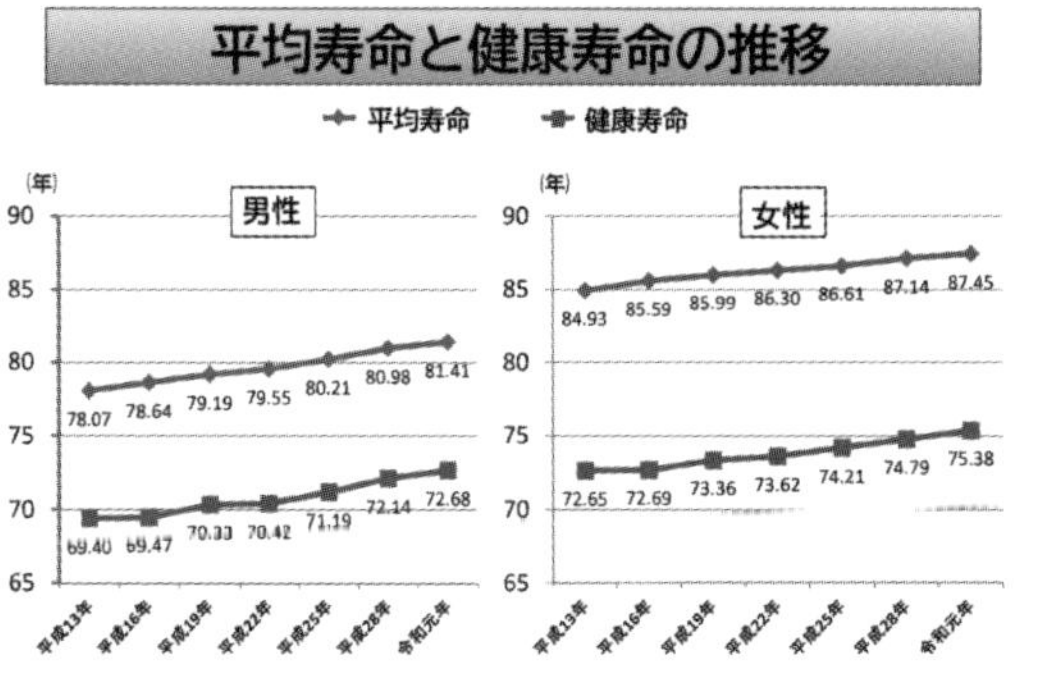

【資料】平均寿命：平成13・16・19・25・28・令和元年は、厚生労働省「簡易生命表」、平成22年は「完全生命表」

人生の二毛作も、文字通り絵に描いた餅で終わってしまいます。国や自治体などが提供するシステムや取り組みに、ただ受動的に身を任せるだけでは、健康寿命を延ばすことなど決してできません。

2．介護の問題をどう乗り越えるか

介護の理由はさまざま

前述の通り、今の日本はほぼ3人に1人が65歳以上の高齢者である「超高齢化社会」です。そんな社会が直面しなければいけない問題が介護です。

介護を受ける人は年齢と共に増え続け、85歳以上では過半数の人が何らかの形で介護を受けて生活することになります。

高齢者が介護されることになる理由はさまざまです。

ですが、ここで理解しておくべきとても重要なポイントは「介護は予防できる」ということです。多くの人にとって身体機能を維持、あるいは強化することで、介護とは無縁の老後を過ごすことも可能なのです。本書でお伝えするのは、その「介護予防」です。

私はもともと、フィットネスのインストラクターをしていました。

言うまでもなく、対象となる人は健康で身体を自由に動かせる方々です。高齢者の介護問題とはかなり距離がある環境で仕事をしていました。もちろん、自分は今のような仕事をすることになるなどとは微塵も思っていませんでした。

ところが、あるとき、今書いた「介護予防」の依頼があったのです。

やや直接的な表現にはなりますが、内容としては、「介護の手前」にいる人たちに運動指導をして、介護を受けることを防いでほしい、というものでした。

力になれるならば、と引き受けてみた私ですが、普段、仕事で行っている指導との違いに衝撃を受けることになりました。

なぜなら、介護の手前にいる人々はすでに運動能力が落ち始めており、私が指導している人々と同じようなトレーニングメニューは行えないためです。

介護予防を必要とする人たちは、「身体に痛みがある」とか、「身体が動かしにくい」「立ち座りの動作がしにくい」「長時間歩けない」「思うように歩けない」といった、ハンディキャップを抱えている場合が少なくありません。

また、運動の経験が豊富にあるわけではないため、筋肉のほぐし方、つまり、準備運動の仕方がわからないという人も多くいました。

健康寿命を延ばすための運動

そのときの経験から私は、適切な介護予防のためには、若い方々とは別のトレーニングが必要であることを学びました。

中高年になると、将来の介護のことを気に掛ける方も増えると思います。

特にご家族や親せきに介護を受け始めた方がいると、「自分も介護されずに老後を送りたい」との思いを強くする方も多いようです。

そういう人々が意識すべきなのが、先に述べた健康寿命です。

健康寿命とは、厚生労働省によって「健康上の問題で日常生活が制限されることなく生活できる期間」と定義されるもので、いわゆる寿命とは違います。

日本人の平均寿命は、男性が81・47年、女性が87・57年ですが（2021年）、健康寿命はそれよりもおよそ10年も短いのが現実です。

みなさんは「平均寿命まであと○○年か。それまで人生を楽しもう」と思っていませんか。

しかし実際には、制限なく日常生活を送れる期間は、それよりも10年以上も短くなって

笑顔で楽しく、正しい方法で運動することが大事

しまう恐れがあるのです。この点については触れられる機会が非常に少ないので注意が必要です。

メディアから流れてくる情報だけをもとにただ安心しているだけでは、老後のリスクは高くなる一方であることをご理解ください。

では、人生を最後まで楽しむためにはどうすればいいか。

それが運動なのですが、いきなり一般人と同じような運動をはじめても、ケガや故障のリスクが大きく、うまくいきません。そのような事態が起こってしまうと、かえって老後の安全を遠ざけ、健康寿命を縮めてしまうことにつながります。

だからこそ私は本書で、介護予防のための運動をお伝えしたいと思っています。

漫然と普通に運動を続けているではダメなのです。自身の健康、幸せな老後を実現し、守るには、正しい運動の方法を学ぶ必要があります。

3．健康寿命を延ばすのは簡単ではない

身体機能は急激に衰える

介護予防に関心を持った私は、いろいろな介護の現場を実際に見てみました。

すると、日常生活を支障なく送れるような身体機能を維持するというのは、思った以上に難しいことに気づきました。

「健康寿命を延ばす」と口で言うのは簡単ですが、身体は口ほどには動かない現実をまざまざと見せつけられることになったわけです。

デイサービスなどの施設で身体機能の維持を助けてくれる。

そのように思っている方は多いのですが、実態は違います。

むしろ、身体機能に支障がある人は施設にとっても少なからずリスクがあるため、期待とは逆に放っておかれてしまう傾向にあります。

具体的には、ベッドにずっと寝かされるとか、車いすを与えられ自力歩行ができなくなるなどのケースを上げることができます。このような状態に置かれた人がどうなるかというと、身体機能は急速に低下していきます。

健康な人でも、身体を使わないでいると身体機能は一気に落ちます。

とくに近年は新型コロナウイルスの蔓延により外出を控える方が増えた結果、身体機能を大きく低下させてしまったケースが目立ちます。

さらに留意しておく必要があるのは、身体機能が低下していくスピードは、低下した身体機能を回復させる際のスピードよりもずっと早いという事実です。

１週間家にこもると、体力を回復するために１カ月かかると言われるほどです。

少し身体を動かさなかっただけで、身体能力は大幅に落ちるのです。

しかも、心身は繋がっていますから、身体が衰えるとメンタル面でも不調になり、身体を動かすモチベーションは落ちていきます。

そこには恐ろしい負のスパイラルがあるのです。

しかし、こういった暗い話だけではなく、明るい未来もありえます。

それは、たとえ何歳であろうとも、身体機能をアップさせることは可能だということです。運動やトレーニングを続けさえすれば、身体機能は維持、あるいは向上することが可能なのです。寝たきりになったり、車いすに乗り続けたりすることなく、自分の脚で歩き、人生を楽しむことができるのです。

私はよく、指導する人たちに聞きます。

あなたはどういう未来を過ごしたいですか？

寝たきりで過ごす生活と、自分の脚で歩いていつでも笑える生活と、どちらがいいですか？

あなたには選ぶ権利があります。

この点を理解することがとても重要だと、私自身は考えています。身体機能は、あなたの老後にとってリスクにもなりえますが、希望にもなるのです。

ぜひとも、希望の方を選択していただきたいと思います。

十分な支援が受けられないリスク

しかし、こう考える人もいるでしょう。

もし身体がよく動かなくなっても、介護制度があるから大丈夫だ。

身体機能回復のためのトレーニングやケアを受けられるはずだ……と。

しかし、それは大きな誤りです。

介護のためのさまざまな支援を受けるためにはいわゆる「介護認定」が必要ですが、介護認定を受けるためにはさまざまな条件があります。

認知症の症状があると認定を受けられる場合も多いのですが、身体の状況はそれぞれに異なり、一概に条件を明示することはできません。あるいは、仮に認定を受けられたとしても、国から与えられた「単位数」の範囲内でしかサービスは受けられません。

また、デイサービスという括りのなかで対応できることには限界ないしは制約があり、私たちも悩ましい事態に直面することが少なくありません。

たとえば、「要支援1」の方の場合、上限は週1回です。

もちろん、自分でお金を払えば身体機能回復のためのサービスは受けられるかもしれません。

しかし高齢者の身体機能回復のためのサービスは充実していませんし、お金には限りがあります。保険の範囲内なら1回数百円のサービスも、自費となると一気に万単位に跳ね上がることが決して少なくありません。

「いざとなれば国や行政のサービスがあるさ」と考えている方は、認識を改めてください。この点については、文字通り自力で何とかするしかないのです。

早め早めの運動が効果的

とはいえ、身体機能が衰えるのはもっと先だから、と考えている方も多いかもしれません。とくに50代くらいまでの方だと、周囲に介護を受ける方が少しずつ現われはじめ、少なからず危機感を覚えてはいるものの、まだまだ老後のための身体作りという発想には至らないでしょう。

でも、それでは遅いのです。

実際に身体が衰えてからでは、身体機能の回復には長い時間がかかります。

早ければ早いに越したことはない、と私は介護の現場で痛感しました。

それは、身体機能回復のための運動が、健康な人のための筋トレとは異なるからでもあります。トレーニングしようと思い立ったとしても、いきなり若くて健康な方のような運動はできません。まずは筋肉が動くようにするための準備が必要です。多くの人がこの点

エアロビクスのインストラクター時代の著者

を忘れがちです。ぜひともここでしっかりと心に留めておいてください。

ずっと運動をしていなかった中高年の方の身体は、いわば、さびついた自動車のようなものです。いきなり全速力で走ることはできません。壊れてしまう恐れがあります。

全力で運動をはじめる前には、可動部にオイルをさし、タイヤやサスペンションの調整をし……といった準備が必要です。

今は車にたとえましたが、人間の身体も同じです。

ストレッチや準備運動で血流をよくして筋肉をしっかりほぐし、関節への負担を減らした状態で運動をはじめないと、ケガや故障の恐れがあります。

ここで運動の仕方を誤り、重いケガを負った結果、何らかの障害が残ってしまうということも、決して珍しくはありません。そうなれば寝たきりのリスクが見えてきてしまいます。そんな事態は何としても避けなければなりません。

だからこそ、トレーニングのためのトレーニングが必要なのです。

少し誤解を招く表現かもしれませんが、準備のための準備が大切になってくるわけです。適切な介護予防のために運動にとって、何より大切なのは準備運動ということです。老後に備えるために、準備運動をしっかりと行う必要があるということです。

しかも、その備えはできるかぎり早期にスタートするに越したことはありません。

本書をお読みいただいているみなさんのなかにはさまざまな世代の方がいるかもしれませんが、いずれにせよ今がスタートです。

4．今からの意識改革が重要！

今すぐ運動をはじめたほうがよい理由

本書では、今からの準備について、ていねいにお伝えしてまいります。

とはいえ、本書を手に取ってくださったみなさんには、多かれ少なかれご自身の身体の機能等に不安がおありなのではないかと拝察します。

だからこそ、今日からのスタートをおすすめしています。

すぐにはじめることが、ラクに身体機能を回復させるための最大のポイントです。なぜならば、歳を重ねると、その分だけ衰えるスピードが上がるからです。

すでにお伝えしたように、筋肉はかなりのスピードで衰えます。

それは何歳であろうと変わるところはありません。

もちろん、若い方は筋肉量が多いため、多少筋肉が衰えたとしても、すぐに運動を再開できます。また、関節の可動域も広いので、関節が運動の妨げになることもありません。

しかし、歳を重ねた世代はそもそもの筋肉量が減っていますから、少しの衰えが致命的な結果につながります。動く力が一気に落ちるのです。

また、関節の可動域も狭くなっているため、運動はますます困難になります。

疲れやすくなったとか、膝や腰が固くなってきたように感じるといった、衰えの気づきがあれば、むしろチャンスといって差し支えありません。

それらをきっかけに、思い切って運動をはじめましょう。

筋力以上に大切な柔軟性

人体の関節とは、いわば消耗品です。

長年使うことによって軟骨がすり減り、クッション性がなくなるためです。

しかし、筋肉があると関節を守ることができるため、軟骨がすり減ることを防げます。

また、可動域が狭くなるのは、骨と骨とをつなぐ軟部組織が硬くなるためです。関節の可動域が狭まると、仮に筋力が十分にあったとしても、身体の動きは硬くなります。

ボディビルダーは非常に筋肉量に富む身体を持っていますが、それだけではなく、関節もとても柔軟なのが特徴です。だからこそ身体を自由自在に動かせるのです。

さらに、高齢の方は筋肉そのものも硬くなります。

それは、細胞の中にある、筋肉の収縮を担っている、「サルコメア」というとても小さな構造体が減るからです。

他にも、筋肉を包む筋膜が硬くなるという説などが存在します。

しかし、運動によって筋力をアップできるように、筋肉の柔軟性をアップすることもできます。ストレッチによって筋肉の血流をよくし、筋肉に栄養がいきわたるようにすればいいのです。

そうすると筋肉は動きやすくなります。

ずっと椅子に座っていると、だるくなったり身体が凝ったりしませんか？

それは明らかに、血流が悪くなった結果です。

ストレッチに限らず、身体を動かすと全身の血流がよくなります。

もちろん、いわゆる筋トレだけが運動なのではなく、歩き回ったり身体をさすったりして血流をよくするだけでも十分に効果があります。

柔軟性は筋力以上に大切であることを覚えておいてください。

１００歳になっても自分の足で歩くために

私には姉がいました。

過去形なのは、すでに他界しているからです。

享年55歳でした。

姉はずっと病気を患っていたのですが、彼女が最後まで言っていたのは、「自分の足で歩きたい。そうでなければ生きている意味がない」ということでした。

病が進むにつれ、姉は自分でトイレに行くことも難しくなっていきました。

だからこそ、自力でトイレまで歩くことに、生きる意味を見出していたということです。

当時の私にとっては、とても強烈な体験でした。

介護の現場を見た今の私なら、姉の気持ちはわかります。

歩くことは、生きる意味そのものなのです。

もちろん、現在自力で歩けている読者のみなさんは、そう言われてもピンとこないと思います。歩くことは呼吸をするようなもので、あまりにも当たり前だからです。

でも、その当たり前こそが生きる価値であることをぜひ知ってほしいと、私は願っています。

しかも、介護を受けるようになってからではなく、今、自分の足で歩けるうちに、です。

運動指導の仕事をしている友人に、膝と腰を悪くしてしまった人がいます。

学生時代に部活を頑張りすぎた影響が膝と腰に現れてしまったのです。彼女は無理をして仕事を続けていたのですが、ある時私が「このままだと、歩けなくなるよ」と言うとハッとして、仕事をセーブしはじめました。おそらく、将来の自分をイメージできたからだと思います。

10年後、20年後の自分をイメージしてみてください。

そして、その将来を生きている自分が、歩けなかったらどうかを想像してください。

膝と腰を傷めた友人にしても、若いころから十分かつ適切なケアを継続していれば、ダメージはもっと抑えられたはずです。しつこいようですが、「早め・早め」が肝心です。

身体に鞭打って仕事を頑張っている方や、腰を傷めながら育児を続けている方は立派です。でも、できればその１％だけでも、将来の自分をイメージすることに使ってください。あなたが歩けなくなることで、周囲の人々は喜ぶでしょうか？

何より、あなた自身は幸福でしょうか？

日本社会の未来のために

本章の冒頭で見てきたように、未来には多くの困難が待ち受けています。だからこそ個人のレベルにとどまらず、社会全体の将来にとっても、身体機能を維持することが非常に大切になってきます。

少し話は逸れますが、日本は自然災害の多い国です。

阪神・淡路大震災、東日本大震災、熊本地震等の甚大な災害を通して、災害に対する日頃からの備えの重要性を、私たちは少しずつ学んできています。

災害における備えのように、ＱＯＬの確保についても日頃からの準備が必要です。実際に災害が起こってからでは何をすることもできないように、高齢者と呼ばれる時期になって慌てて健康のことを考えたとしても、まったく意味がないとまでは言い切れませんが、健康寿命を延ばすだけの十分な備えができたとまではいえません。

大切なのは、自動的には「健康寿命が延びない」事実をしっかりと認識することです。そのうえで、高齢者になる前から自覚的に努力をはじめ、それを継続することです。スタートは早いに越したことはありません。「今すぐに」は決して大げさな表現ではないのです。

ＱＯＬの確保の大切さ、そして、それには継続的な取り組みが何より効果的であること。現在の日本には、残念ながら、こうした理解が十分には浸透していません。

災害対策と同じく、実際に自分が経験しなければ、人は納得しない生き物なのかもしれません。

幸せな未来を運動で実現する

それでも、備えの重要性を学んだ人間の責任として、想いを伝えないわけにはいきません。

私の姉は「高齢者」になる前にこの世を去ってしまいましたが、自力でトイレに行きたいという思いは多くの高齢者の方はもちろん、今の現役世代の方にも共通するはずです。歩けるという事実が「生きている」との実感の根源にあるといって差し支えありません。仮にこのまま何もしなくても、「人生１００年時代」は訪れることでしょう。しかし、それが多くの人にとって幸せな時代であるかどうかは、今から予防をするかしないかで大きく違ってきます。

閉塞する社会の状況を打破し、多くの方が真に充実した「人生１００年時代」を過ごすこと。

それができてはじめて、日本の未来は明るいものとなります。高齢者だけではなく、若い世代も過剰な負担から逃れることができます。

そんなＷｉｎ―Ｗｉｎの関係をいかに構築していくのか。

そのための力が、ほんの少しの運動に備わっていると私は考えています。

次章から詳しくみていくように、ほんの少しの運動をしっかりと継続することで、未来は明るいものに変わっていくのです。

介護を防ぐ「介護予防」の重要性を理解すること。

見事に福知山マラソンを完走！

まさにそれこそが本書の最大の目的であるといっても過言ではありません。

このようにお伝えしても、実感と共に理解するのは難しいことかもしれません。しかし、次章から「ほんの少しの運動」の内容を詳しく見ていきます。

どんな運動をすればよいのか。

それらを具体的に見ていただければ、「ほんの少し」という表現が、まったく大げさなものではないと、みなさんにもご理解いただけるものと信じています。

そして、納得感が得られたときには、ぜひとも実践に移してください。

それがみなさんの老後に輝きを与え、多くの幸せを生み出すはずです。

第2章　ほんの少しの運動が「老後」を変える

1．筋肉と関節の重要性

ハードな運動は必要なし

運動やトレーニングと聞くと、若い人が行うようなハードなものを想像されるかもしれません。しかし、本書でお伝えするのは、そういったものではありません。

私が伝えたいのは、身体を、快適に、違和感なく動けるようにするための運動です。

もっとシンプルに、「筋肉と関節をよい状態に保つ」と表現してもよいかもしれません。

それには激しい運動は必要ありません。

この点をぜひ、ここでも強調しておきたいと思います。

いい筋肉の条件はいくつかあります。

❏力を抜いたときに柔らかいこと
❏しかし、力を入れるとしっかりと硬くなること
❏身体を動かすときに筋肉がしなやかに動くこと

などです。

具体例を挙げましょう。

よくお年寄りが、膝が曲がったまま歩いている様子を目にすることがあると思います。

そのような歩き方になってしまうのは、脚の筋肉が収縮したまま動かなくなっているからです。骨ではなく筋肉の問題なのです。

そのせいで膝が曲がり、さらには膝が曲がっているせいで関節に負担がかかります。言い換えれば、身体の状態が負のサイクルに入っているのです。

筋肉が収縮したまま動かなくなっているのは、常に力を入れた状態になっているということです。

腕をぐっと曲げて力こぶをつくり、触ってみてください。硬いですよね。力を入れた状態の筋肉は、このように硬くなります。

よい筋肉は柔らかい

よい筋肉は、力を抜くとふわりと柔らかくなるものです。

ところが、筋肉の柔軟性が落ちると、硬いままになってしまいます。その状態が、身体の動きを鈍らせるのです。

本書でお伝えするストレッチは、このように硬くなった筋肉を柔らかくするためのものです。

トレーニングというと、筋肉をパワーアップさせることを想像されると思いますが、それ以前に大切なのは、筋肉を柔らかくすることです。

筋肉が硬くなる要因は様々です。

よく見られるのは、複数の箇所の筋力が落ちた結果、特定の筋肉にだけ負荷が集中してしまい、その筋肉が硬くなること。

あるいは、運動不足のせいで身体の血流が悪くなり、筋肉が凝り固まるケースも見られます。

肩こりもこのようなケースのひとつです。

さらには身体の左右バランスが崩れ、筋肉への負担が偏ったことが原因の場合もあります。

バランスのくずれは筋肉だけではなく、骨の状態も偏らせますからやっかいです。

そして、こうした負担や偏りは、自覚するのがとても難しいのも特徴です。

それは脳が無意識のうちに偏りを調整してしまうからなのですが、そうなると改善する必要性にさらに気づきにくくなってしまいます。

関節の状態も悪化する

筋肉だけではなく、関節もまた、年齢と共に状態が悪くなってしまいます。状態がいい関節とは、動きがスムーズなのが特徴です。

試しに腕をぐるりと大きく回してみてください。

肩の関節からゴリゴリした感覚が伝わってきませんか？　痛みがありませんか？

もしあったとしたら、それは状態が悪いことを意味しています。

スムーズでなくなるのは、筋肉や腱に負担がかかっていて動きが悪くなっていたり、筋肉や腱だけでなく、その他の組織が癒着していたりするからです。

あるいは、骨の位置が少しずれてしまっている人も見受けられます。

また、関節は「関節包」に包まれているのですが、そこも、動かしていないと硬くなりますから、関節の動きを鈍くする一因になります。要するに、さまざまな要因があるのです。

このように筋肉や関節が衰えるのは、必ずしも運動不足だけが原因ではありません。

ちょっとした日常の動作の積み重ねも、衰えや偏りにつながります。

たとえば、姿勢や動作のアンバランスさ。

いつも利き手でモノを持つ癖がある方は、左右のバランスも崩れていきます。そうなると負担が一部の筋肉に集中するようになり、そこが硬くなります。

肩こりが左右均等ではない人も多いと思いますが、それは左右のバランスが崩れているからです。他にも寝るときの姿勢や日常での姿かたちのあり方によって、肩こりに限らず、歳を重ねるにつれアンバランスさは積み重なっていきます。

「働き盛りだから、介護予防は先の話」だと思っている方は要注意です。

まさにその「働き盛り」の毎日が、身体にアンバランスさと負担を積み上げているからです。

その先にどんな老後が待っているかをぜひ想像してみてください。

2．筋力と心肺機能の重要性

体力＝筋力＋心肺機能

何歳になっても動ける身体を維持するということは、体力を維持することとほぼイコールです。

ところで、「体力」とは何でしょうか？

身体については医師が専門家ですが、体力についてはあまり詳しいとは言えません。ですから、体力の維持や向上という点では、他の専門家を頼る方が効果的なのです。

体力とは、主に筋力と心肺機能で構成されています。

筋力についてはここまで解説してきた通り、筋肉の量や動きやすさと言っていいでしょう。

そして、筋力の衰えはすぐにわかります。

見た目も痩せてきたりしますから日常的に意識しやすいのですが、意外と見落とされやすいのが心肺機能です。

心肺機能とは文字通り心臓と肺の機能のことで、空気中の酸素を血液に取り込む肺の力や酸素を豊富に含む血液を全身に送り出す心臓の力などのことを指します。

ノルディックウォーキングを指導する著者

心肺機能は筋肉のように目には見えないのですが、日々の動作に非常に大きな影響を及ぼします。もし「最近、駅の階段などで息切れするようになったな……」などと感じたら、筋力低下の影響も一部にはあるかもしれません。

しかし、それ以上に心肺機能が落ちている可能性が大です。

この点に気づかないまま筋力だけを鍛えたところで、息切れが解消することはありません。心肺機能はウォーキングや水泳、サイクリング等の有酸素運動によって維持・向上できますが、少なくとも数カ月単位の期間がかかります。筋力を鍛える以上に難しいといわれる点です。

また、前述の通り目には見えないため、意識しづらい点も特徴です。

これらの困難をしっかりと克服したうえで、心肺機能をたしかに身につけるためには、長期的なビジョンや工夫が欠かせません。

きつすぎない運動を長く続ける

同じことは筋力のトレーニングについても言えます。

長期的なビジョンをもってトレーニングを継続するためには、前章の終わりに記載した

しっかりと準備運動に取り組むことが大事

ように、なぜ運動するのか、のイメージを明確にしなければいけません。

目標や夢と言い換えてもいいでしょう。

加えて、運動を続けるための工夫も必要です。筋力のトレーニングであっても、心肺機能を鍛える有酸素運動であっても、あまりきつすぎると長く続けることができません。

「運動をはじめたころはモチベーションが高かったのに継続できない」。

そんな声をよく耳にします。

その理由はトレーニングの内容がきつすぎるからです。

たとえばマラソンをイメージしてみてください。スタートから全力で走ってしまうと、ゴールにたどり着く前に息切れしてしまいますよね。

それと同じで、トレーニングには「ペース配分」が必要なのです。

トレーニングを長く続けるためのペース配分のコツは、「ちょっと物足りないかな」と思う程度にとどめることです。運動の負荷を小さくして、その代わりに長く続けるということです。

本書で紹介するメニューを物足りないと感じる方もおそらく多いこととは思いますが、それは、継続を意識しているからです。

この点をぜひ、前提としてご理解いただけると幸いです。

3.「さする」「ゆらす」「ほぐす」の重要性

体幹と下半身を鍛えることが重要

それでは、具体的なトレーニングの話に入っていきましょう。

何歳になっても動き続けるために必要な筋肉は、下半身にあります。

なぜなら、下半身は単に歩くことを担当しているだけではなく、人間の身体のなかでももっとも大きな筋肉が集まっている場所だからです。

より正確に書くと、太もも前後にある大腿四頭筋（前側）とハムストリングス（後ろ側）、お尻にある殿筋、そして胴体を囲む体幹の筋肉。腹筋も含まれます。

これらの4つの筋肉がしっかりと機能すれば、身体は自由自在に動きます。

それぞれについてもう少し解説しましょう。

①　大腿四頭筋

大腿四頭筋は太ももの前にある大きな筋肉で、位置によって4つに分かれているところからこう呼ばれています。この筋肉が縮んだり伸びたりすることで膝関節が動きます。つまり、歩くために欠かせない筋肉です。とても大きな筋肉であることも特徴です。

②　ハムストリングス

ハムストリングスは太ももの後ろ側にある筋肉です。これも3つに分かれています。ハムストリングスは主に膝の関節と、股関節の動きを司っています。大腿四頭筋と同じようにとても重要な筋肉です。

③　お尻の殿筋

お尻の殿筋も股関節を動かすことを担当しています。つまり、大腿四頭筋、ハムストリングス、そして殿筋によって私たちは歩いているということになります。

しかし、それだけではありません。

忘れてはならないのが体幹の筋肉（群）です。

体幹の筋肉は、歩くことを含め、あらゆる運動を支えています。

たとえば、歩きながらお腹の脇に指を突き立ててみてください。歩行にあわせて、お腹の筋肉が動いていることがわかるはずです。

このように、体幹の筋肉は歩くときにも使われるのです。

それだけではありません。

デコボコ道など不安定なところを歩く際にも体幹の筋肉がバランスをとっています。だからこそ、体幹が弱ることはそのまま、バランス感覚が低下することを意味し、転倒のリスクにもつながっていくわけです。

とはいえ、だらりと椅子に座っているだけでは、体幹の筋肉は使われません。

コロナ禍のように屋内にこもりっぱなしの生活を続けていると、かなりのスピードで衰えていく筋肉でもあります。

リモートワークの増加など、ライフスタイルの変化という点でも注意が必要です。

大腿四頭筋、ハムストリングス、殿筋、そして体幹。

動ける身体づくりのカギを握っているこれらの筋肉が、本書のターゲットです。

誰もが安心してできるトレーニングのために

それではいよいよ、本書での最初のメニューを紹介します。

といっても、ここで紹介するのはトレーニングではありません。

その準備段階としての、筋肉の動きをよくするためのメニューです。なので、どれも難しいものではありません。「体力に自信がない」「運動が苦手で困っている」、そんなお悩みを抱える方でも、安心して実践していただくことができます。

だからこそ、ある意味では私がもっとも強くみなさんにお伝えしたいメニューでもあります。

どんなトレーニングをする場合でも、筋肉の動きがよくないと効果が十分に期待できません。

ここまでお伝えしてきたように、みなさんの筋肉はかなり硬く、動きが渋くなっているはずです。筋力以前に問題なのは、その凝り固まった筋肉をほぐすことです。

筋肉が温まらない＝筋肉が硬いまま本格的なトレーニングをスタートしてしまうと、前述の通りケガや故障のリスクが高くなってしまいます。準備を怠ったがために後悔することになった方を、これまで少なからず目にしてきました。

みなさんにはぜひ、そうならないでいただきたいと願っています。

準備運動としての「さする」「ゆらす」「ほぐす」

私がこれからお伝えする方法は、筋肉を「さする」・「ゆらす」・「ほぐす」の3つです。

これらの準備運動をしっかりと行うことで筋肉の動きをよくするメニューです。

少し乱暴ないい方にはなりますが、マッサージに近いものだと考えてください。違っているのは自分の力でできるという点です。

ぜひここで「さする」「ゆらす」「ほぐす」の3つの準備運動を覚えて、日々実践してください。

さすったりゆらしたりする回数は、いずれも10往復程度で大丈夫です。

いずれも、筋肉を動きやすくし、血流を促すことが目的です。

3つの準備運動によって筋肉の状態を整え、そのうえで、次章で詳しく見ていくトレーニングへ移行していく。そのようにお考えいただければ幸いです。

【解説１　腕をさする】

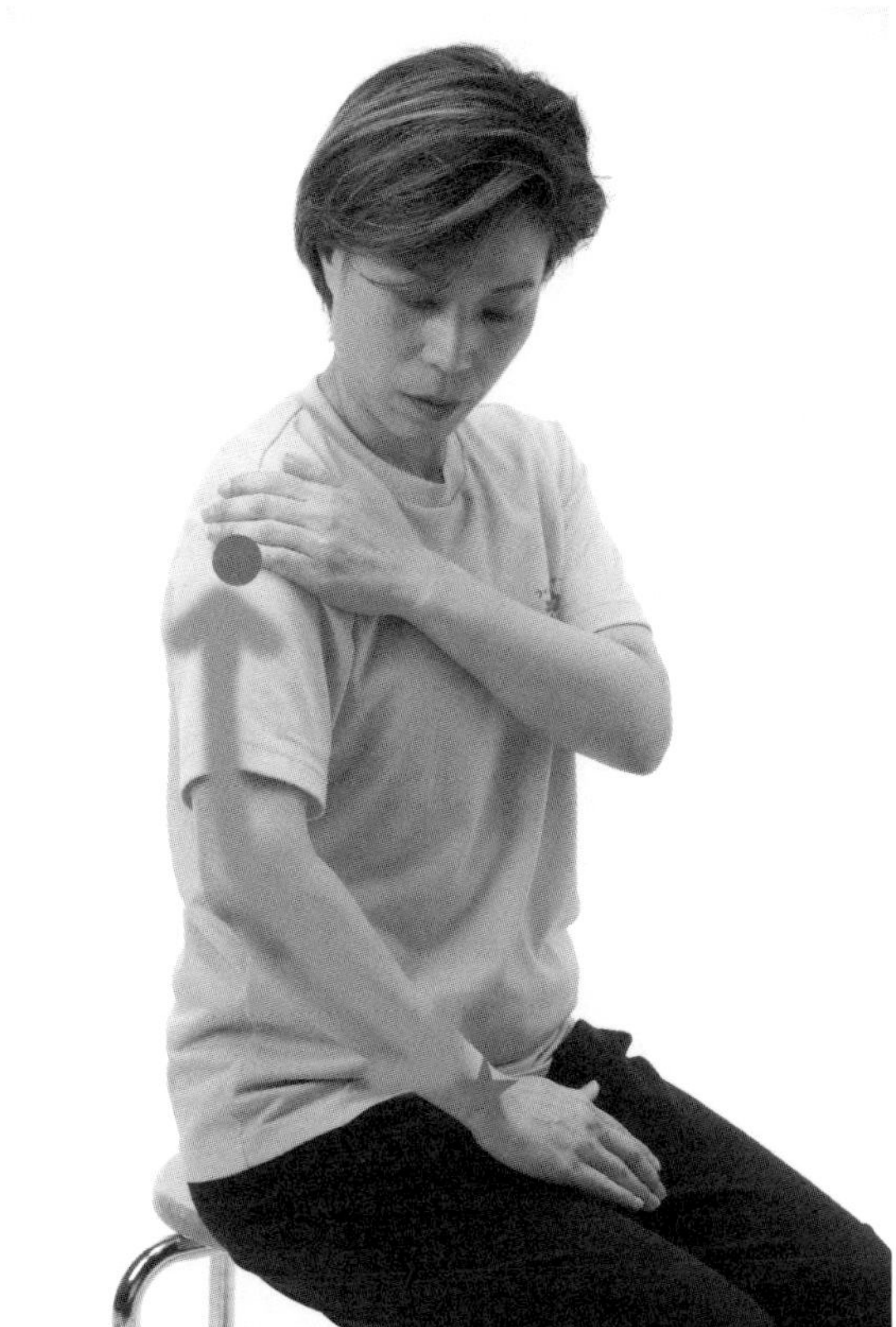

腕を柔らかく包み込むように手を当て、肩（●）から手首（★）までを10往復ほど優しくさする

【解説２　腕をさする（別角度）】

手の温かさを腕が感じられるように、肩（●）から
手首（★）までを優しくさする

【解説3　肩をさする】

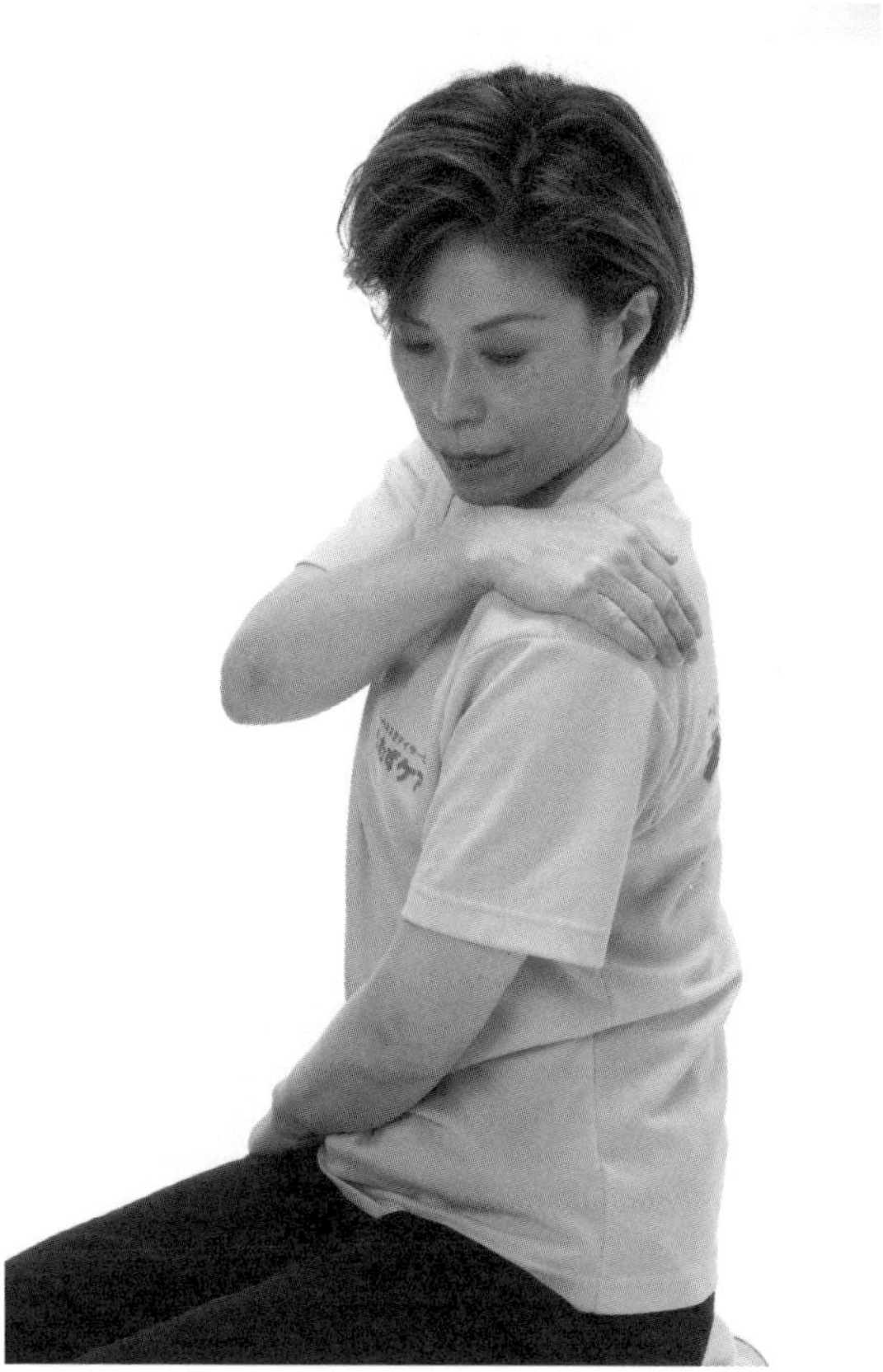

肩を包み込むように掌を当て、肩の前面から後面まで全体的に優しくさする

【解説４　胸をさする】

写真のように胸の中央に手のひらを当て、肩から脇の下のまで優しくさする

【解説５　鎖骨をさする】

胸の上にある骨（鎖骨）に沿い、鎖骨を挟むように指２本でさする

【解説６　ももの内側と外側をさする】

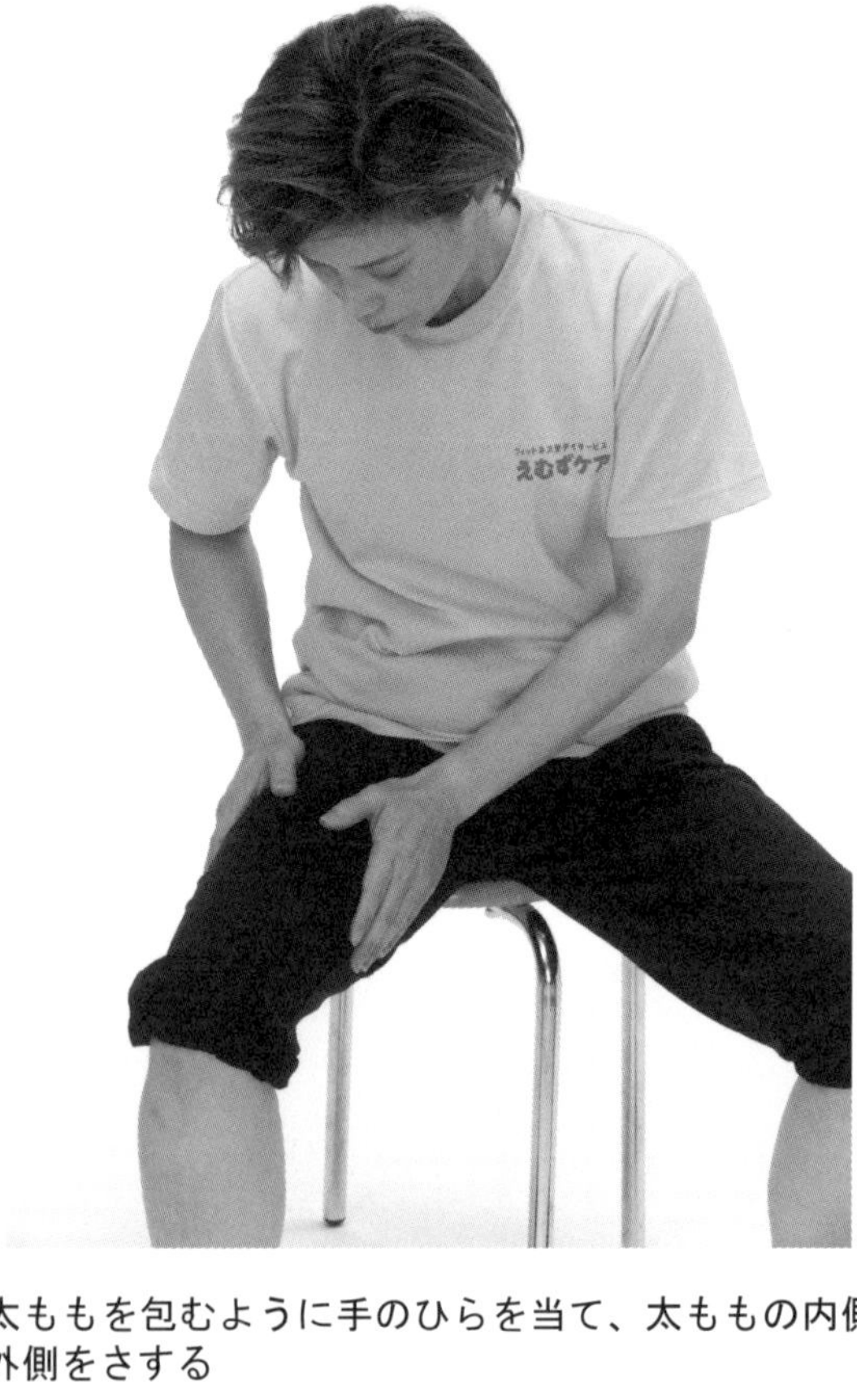

太ももを包むように手のひらを当て、太ももの内側・外側をさする

【解説7　太ももの表側と裏側をさする】

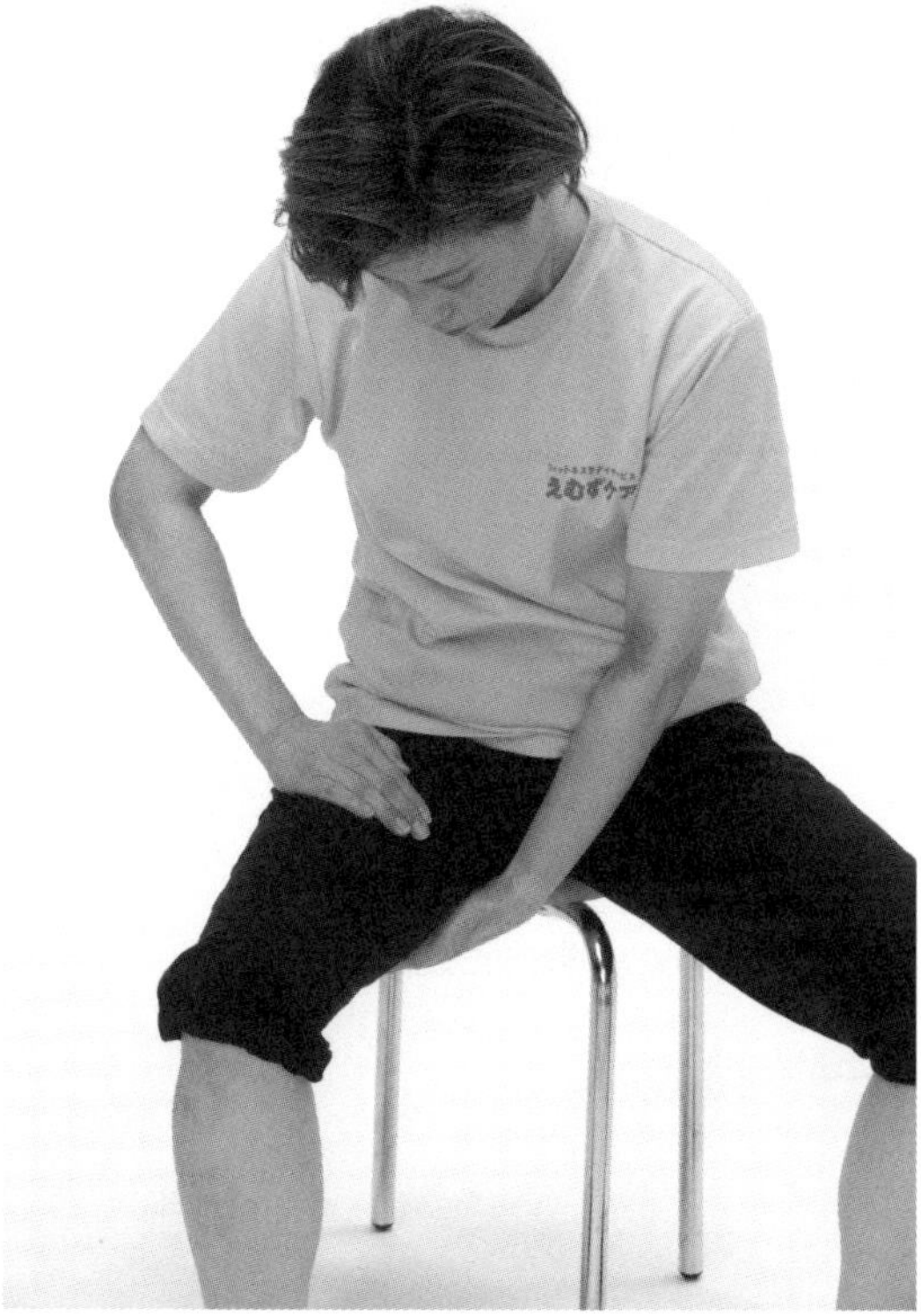

太ももの前後を包むように手のひらを当て、表側と裏側をさする

【解説８　太ももの全体をさする】

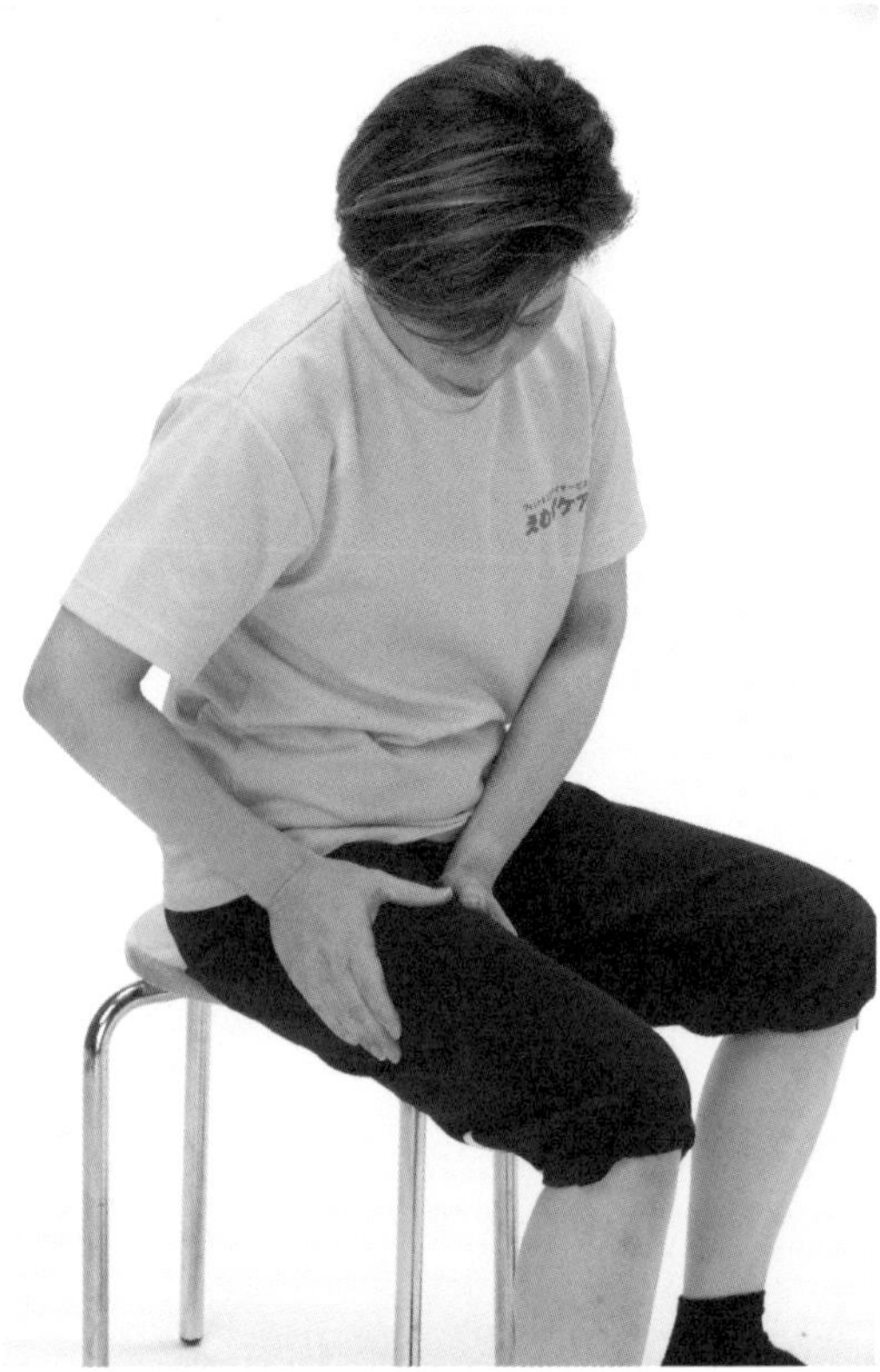

親指を広げてさする。太ももの全体をさすることができる

【解説9－1　膝をさする①】

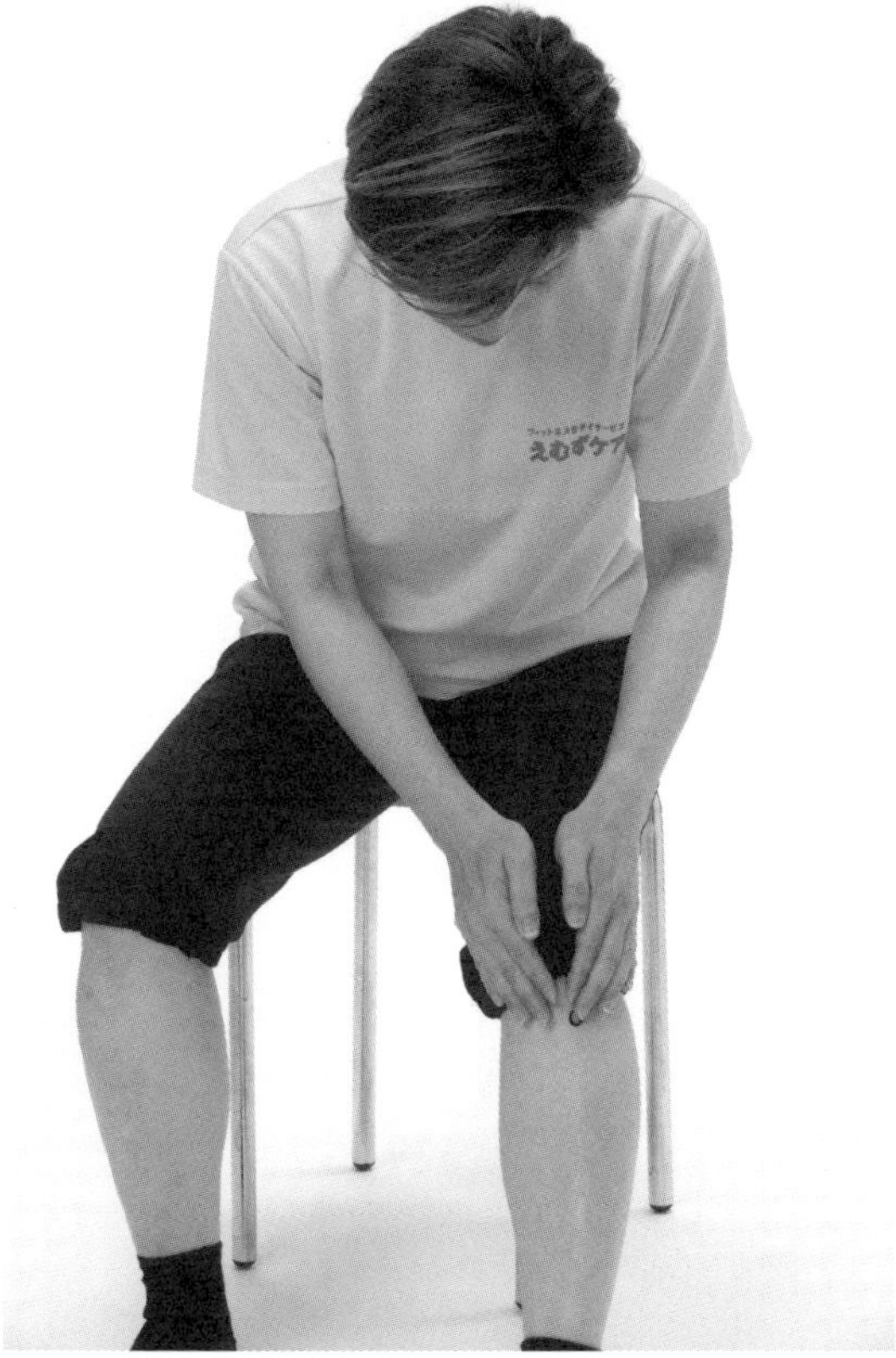

膝の左右に手のひらを当て、膝の周りを温めるイメージでさする

【解説９－２　膝をさする②】

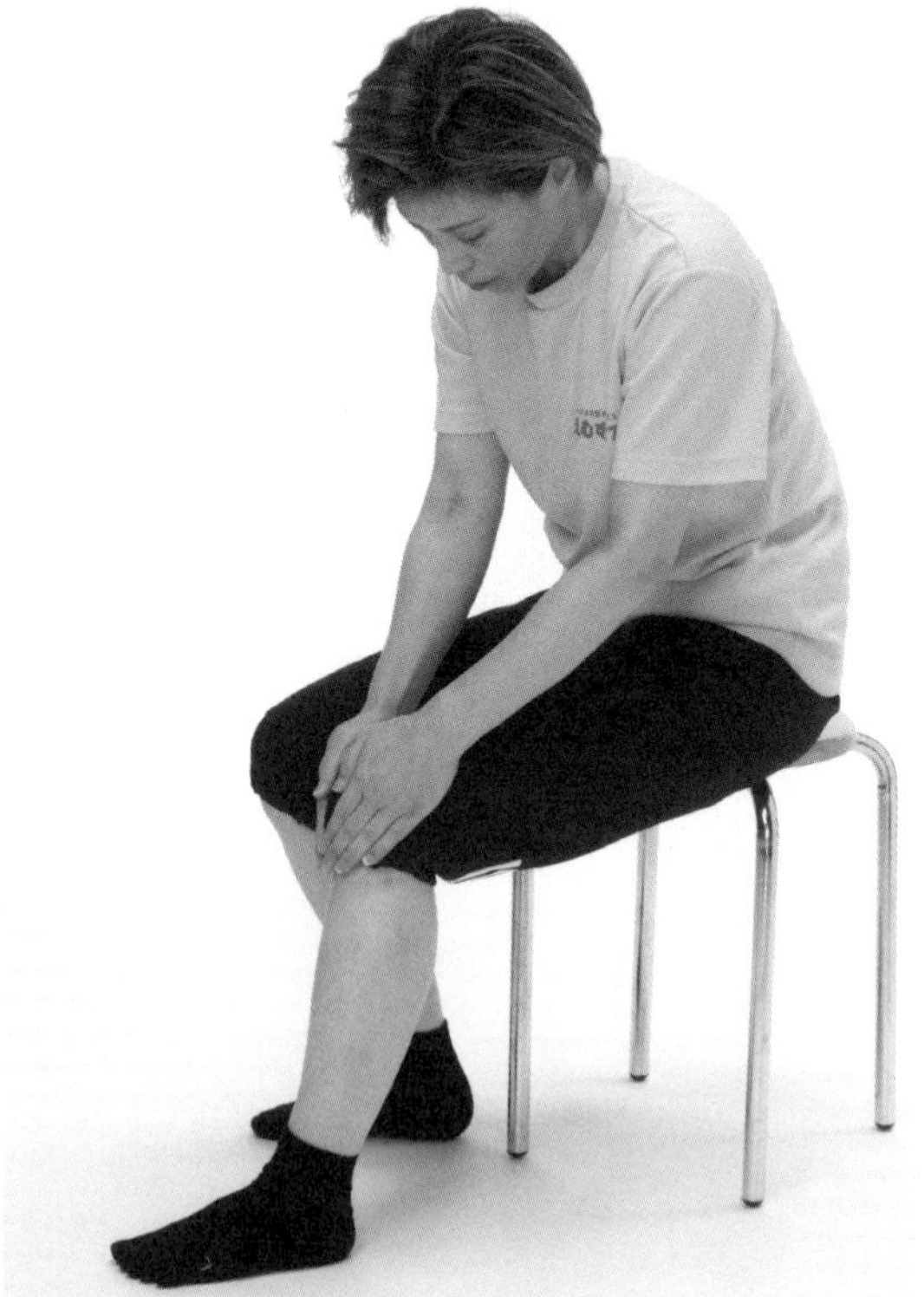

膝の左右に手のひらを当て、膝の周りを温めるイメージでさする

【解説10－１　膝の表側と裏側をさする①】

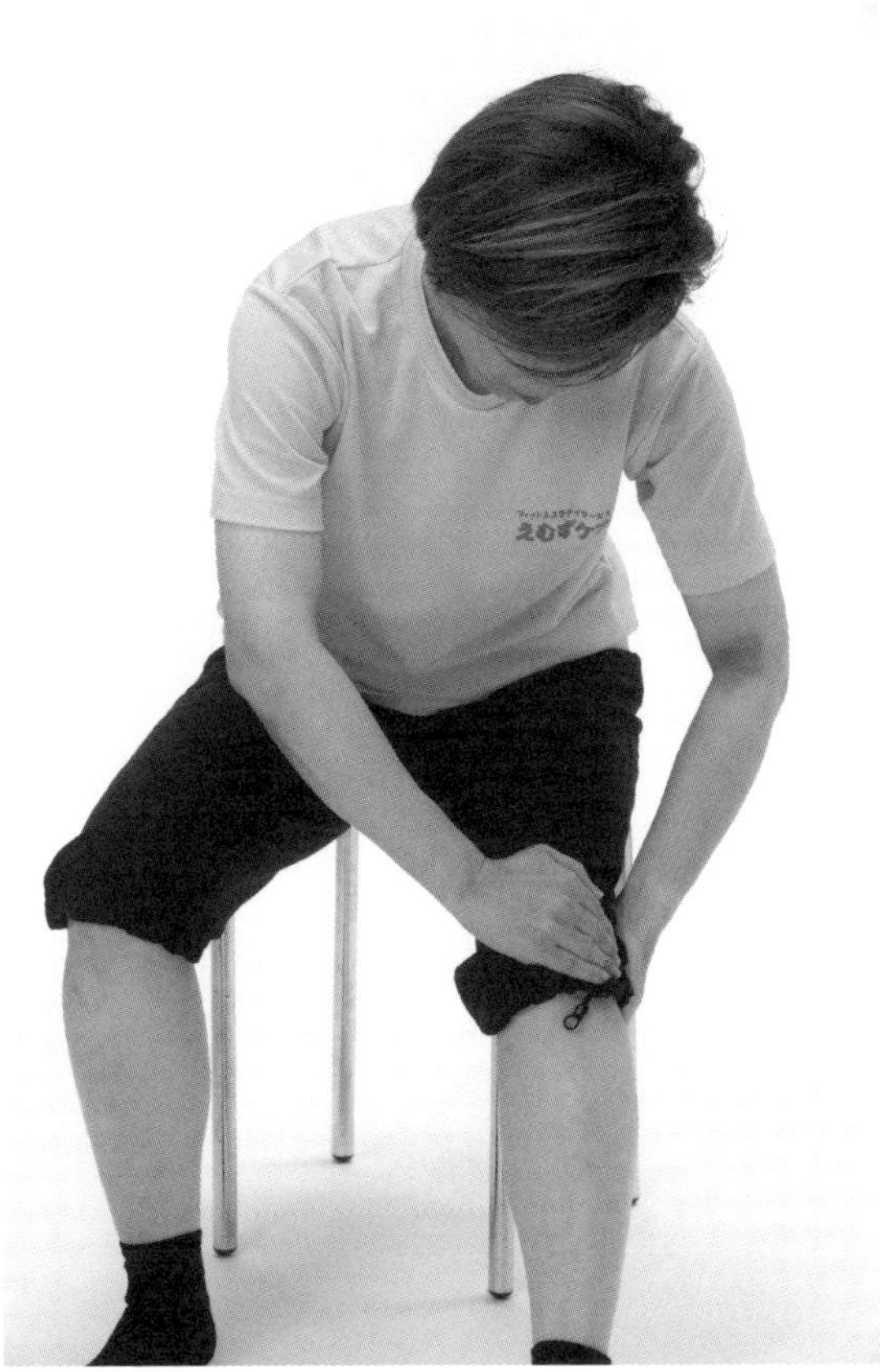

膝のお皿（膝蓋骨）のある側と膝の裏に手のひらを当ててさする

【解説10－２　膝の表側と裏側をさする②】

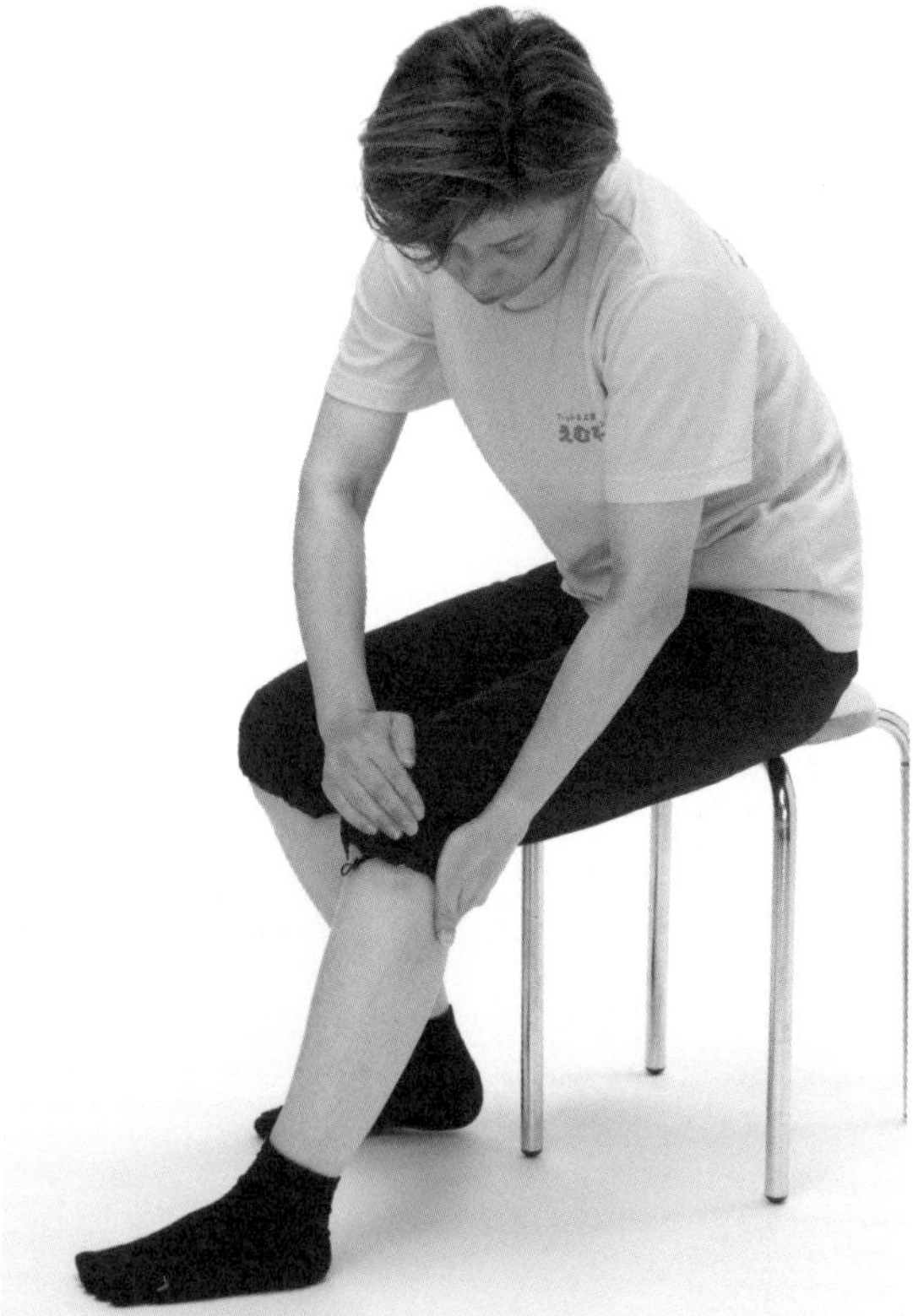

膝のお皿（膝蓋骨）のある側と膝の裏に手のひらを当ててさする

【解説11　膝下の表側をさする】

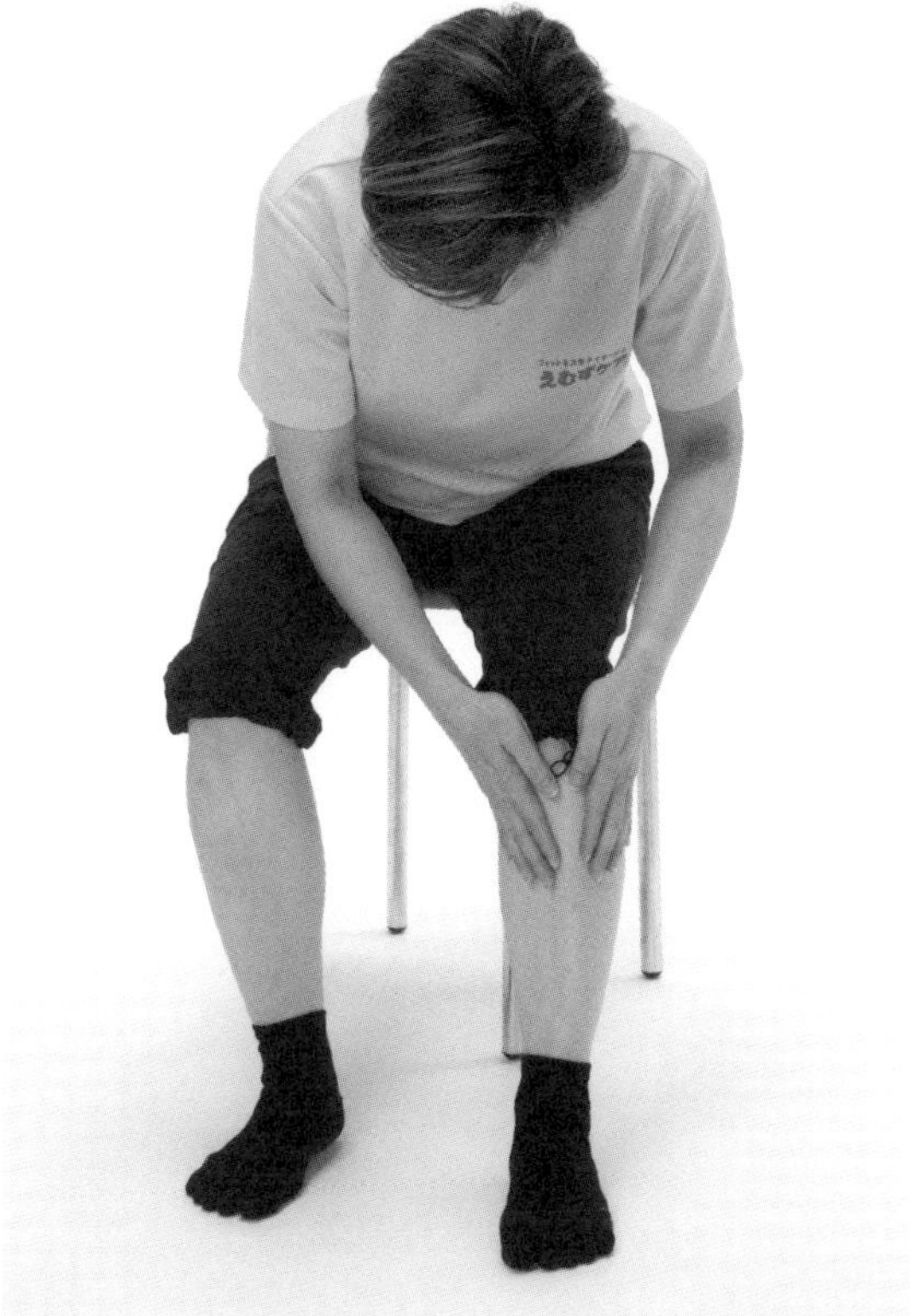

膝のあたりから足首近くまで、脚を横から挟むように持ち、手のひらで優しくさする

【解説12－１　膝下を前後で挟んでさする①】

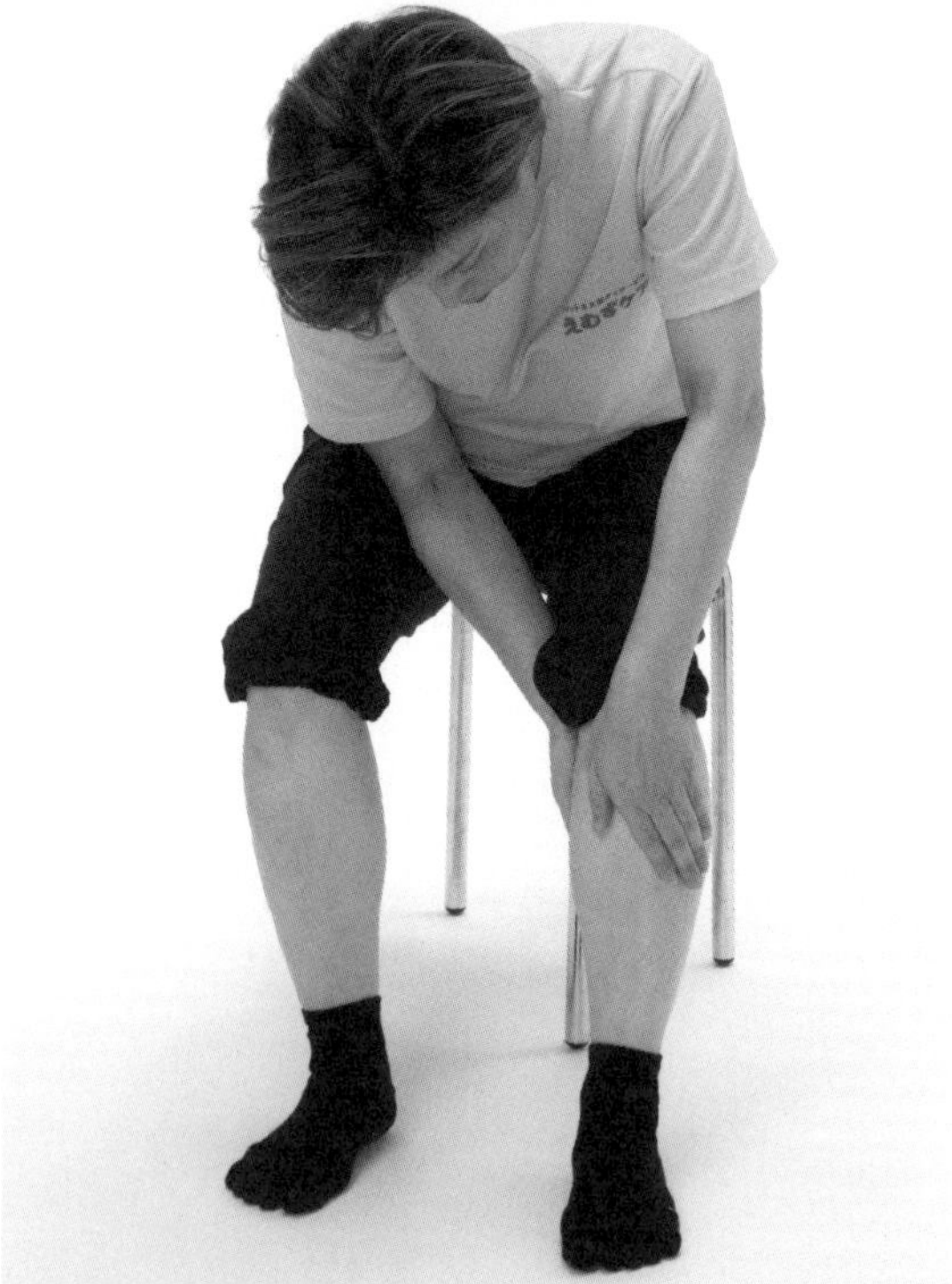

同じ場所を表と裏側から挟むように持ち、手のひらで優しくさする

【解説12－２　膝下を前後で挟んでさする②】

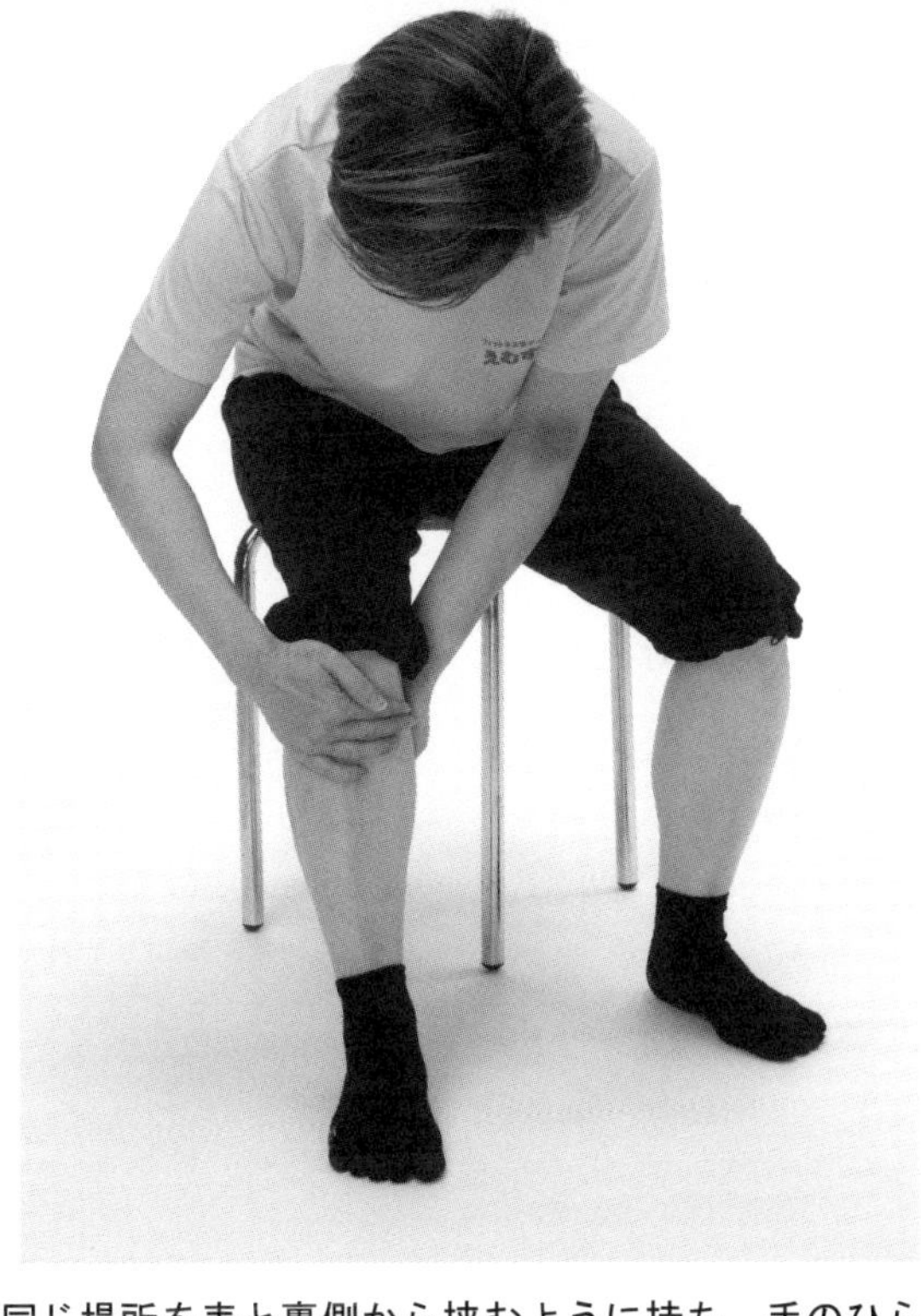

同じ場所を表と裏側から挟むように持ち、手のひらで優しくさする

【解説12－３　膝下を前後で挟んでさする③】

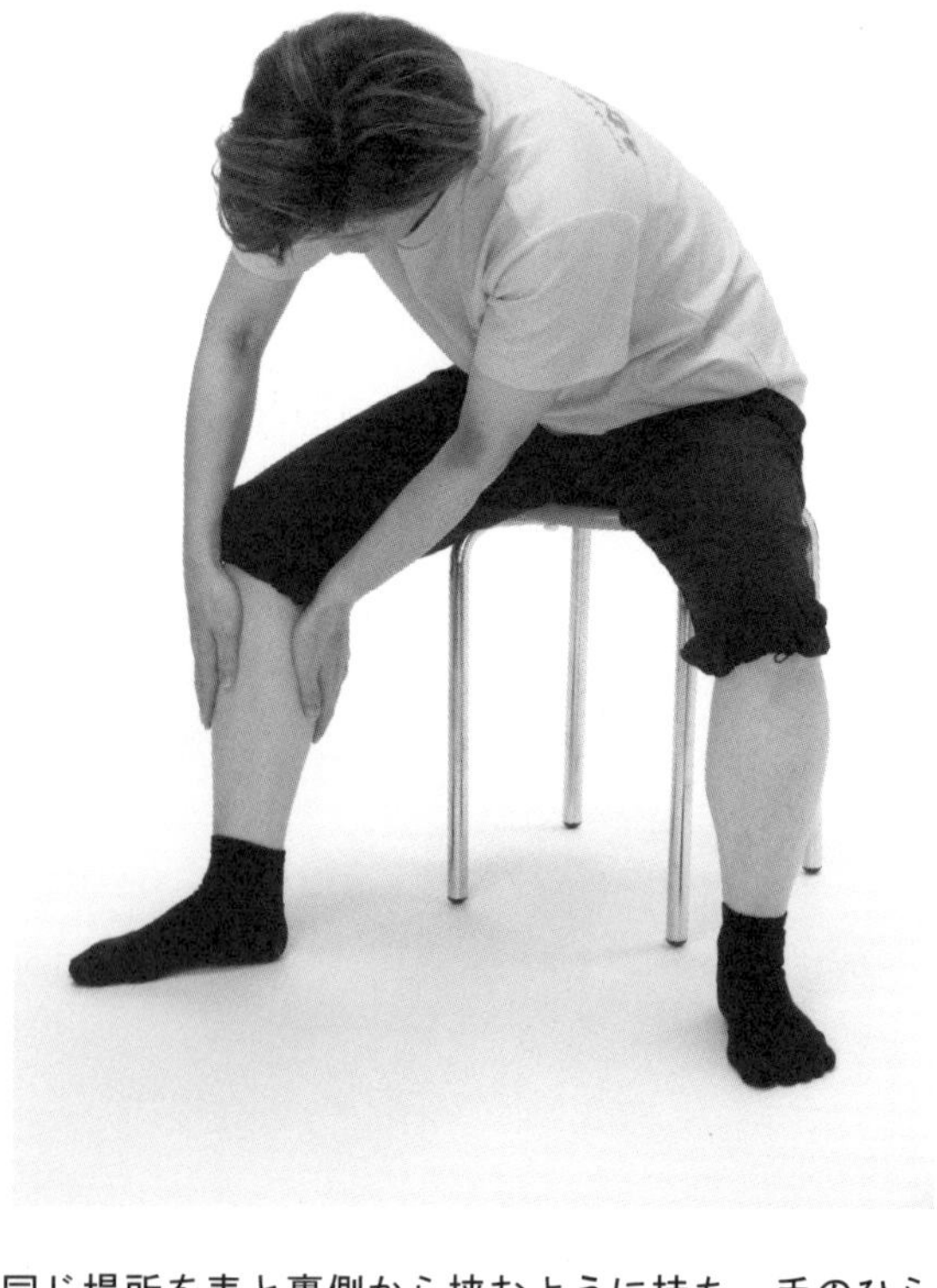

同じ場所を表と裏側から挟むように持ち、手のひらで優しくさする

【解説13－１　アキレス腱をゆらす①】

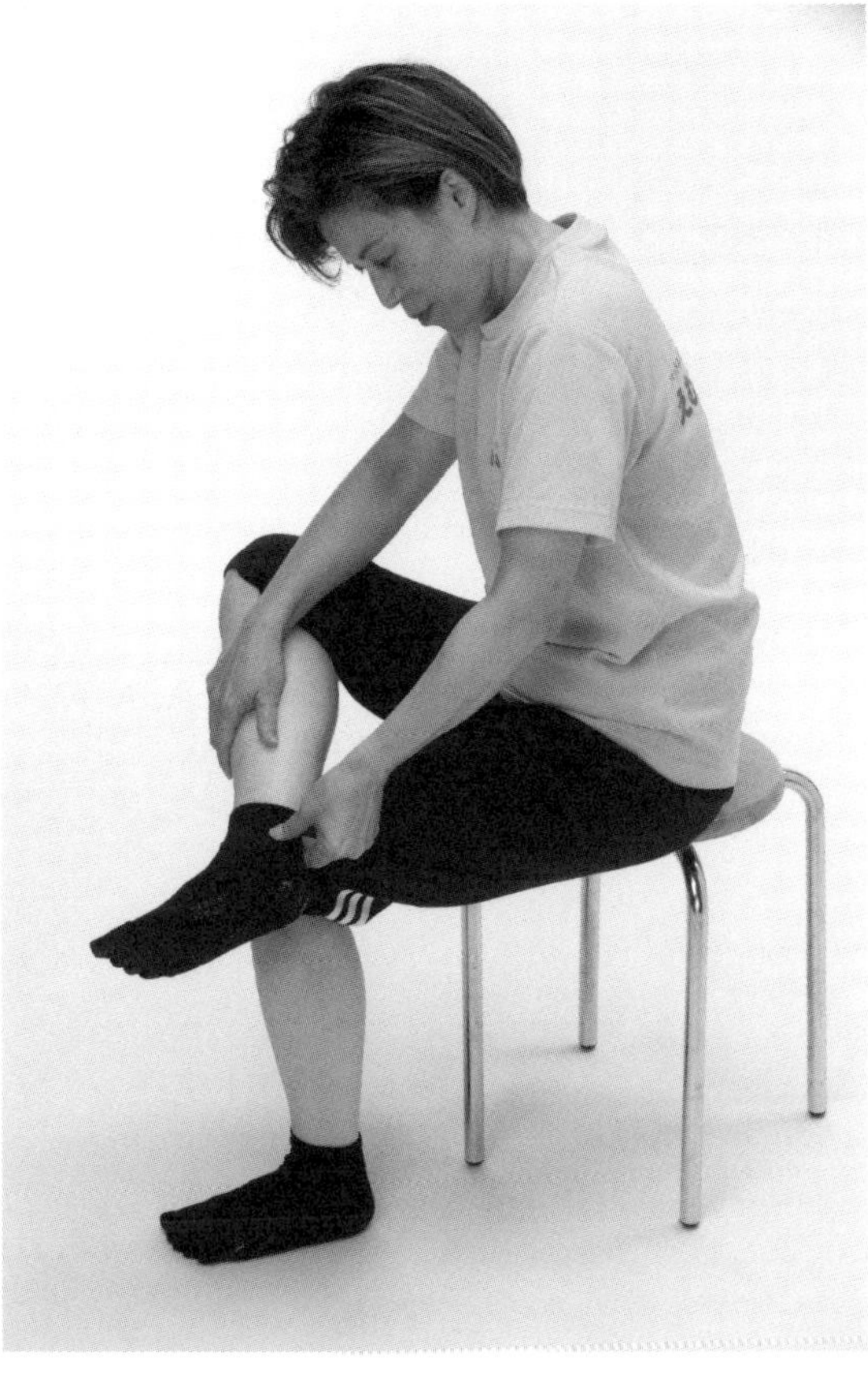

アキレス腱を写真のように親指・人差し指・中指の３本でしっかりとつまみ、左右にゆらす。アキレス腱が動くのがわかる程度に、しっかりゆらす

【解説13－２　アキレス腱をゆらす②】

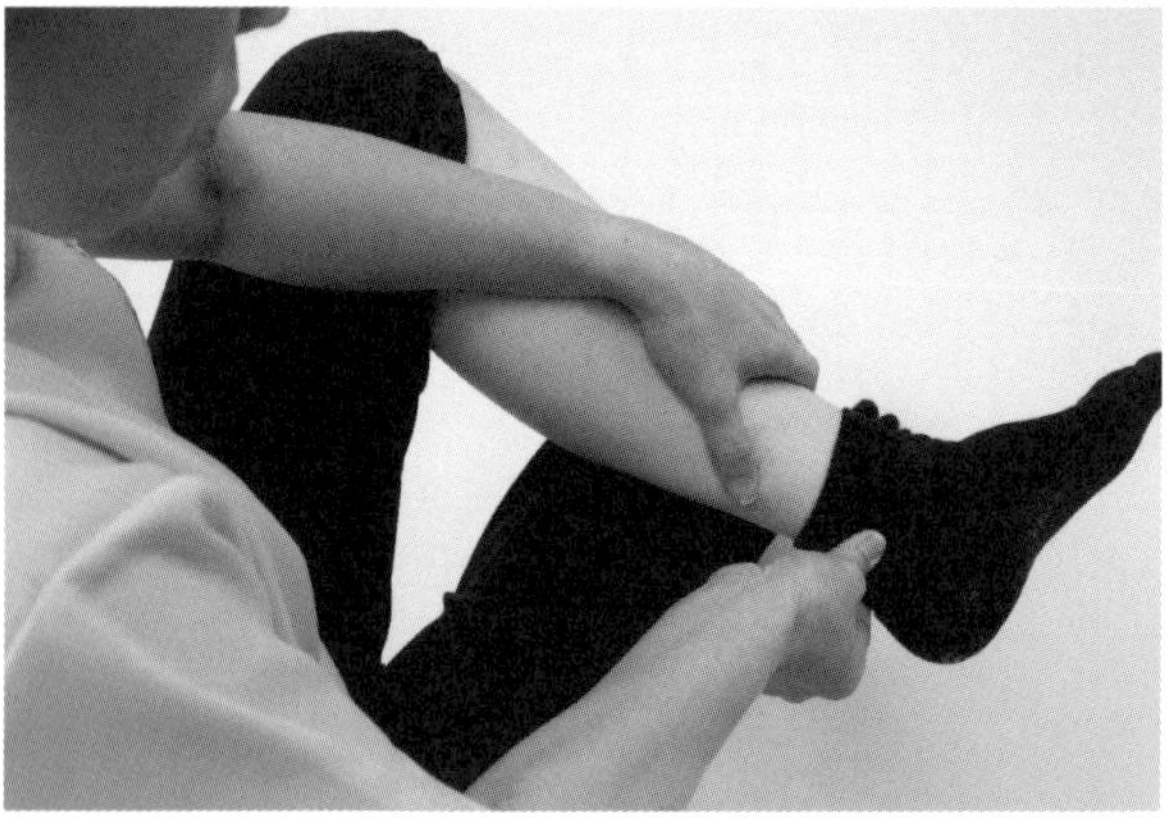

アキレス腱を写真のように親指・人差し指・中指の３本でしっかりとつまみ、左右にゆらす。アキレス腱が動くのがわかる程度に、しっかりゆらす

【解説14－１　ふくらはぎをほぐす①】

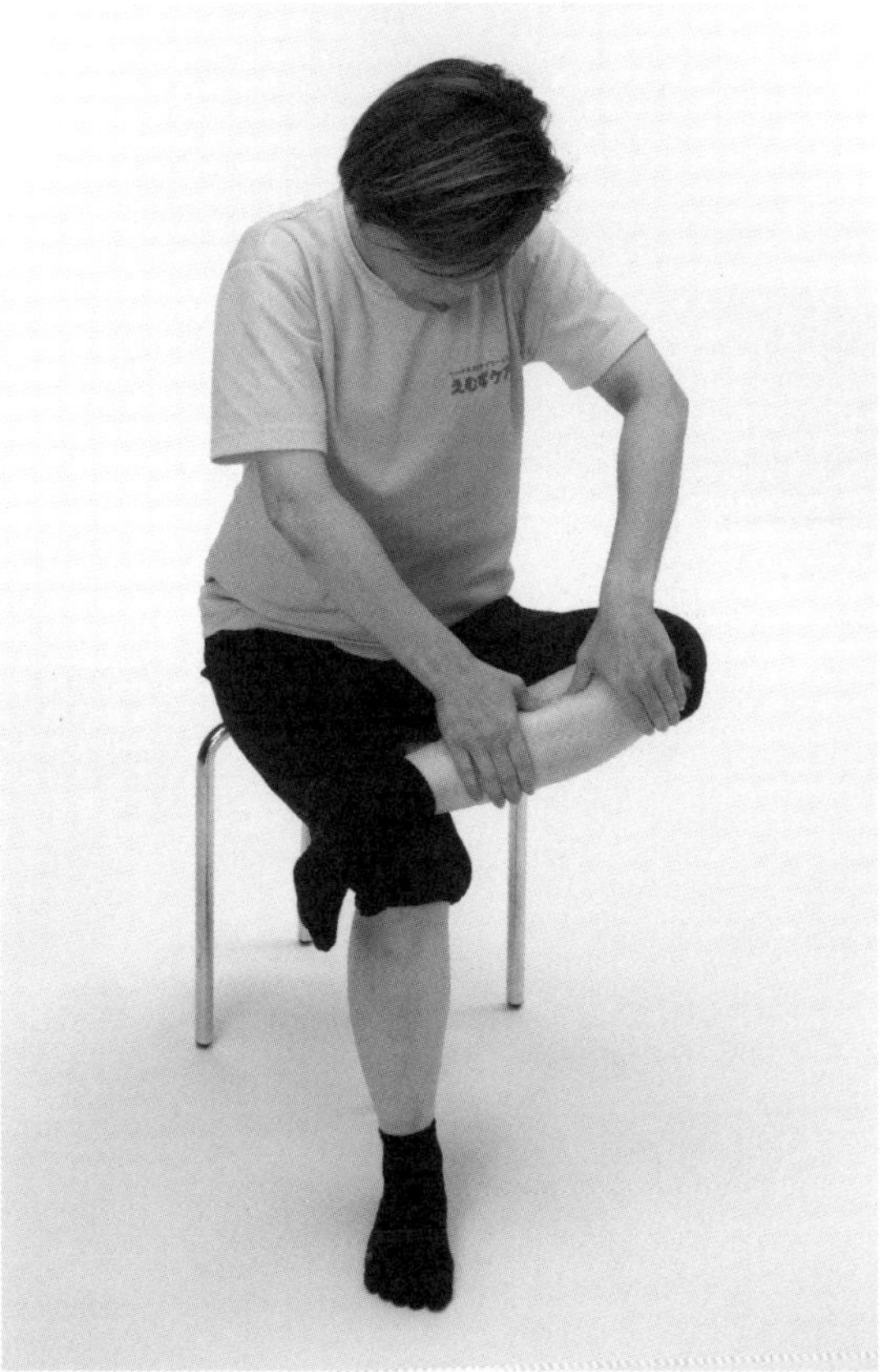

脛の骨とふくらはぎの間の柔らかい部分に、親指の腹で優しく圧をかける

【解説14－2　ふくらはぎをほぐす②】

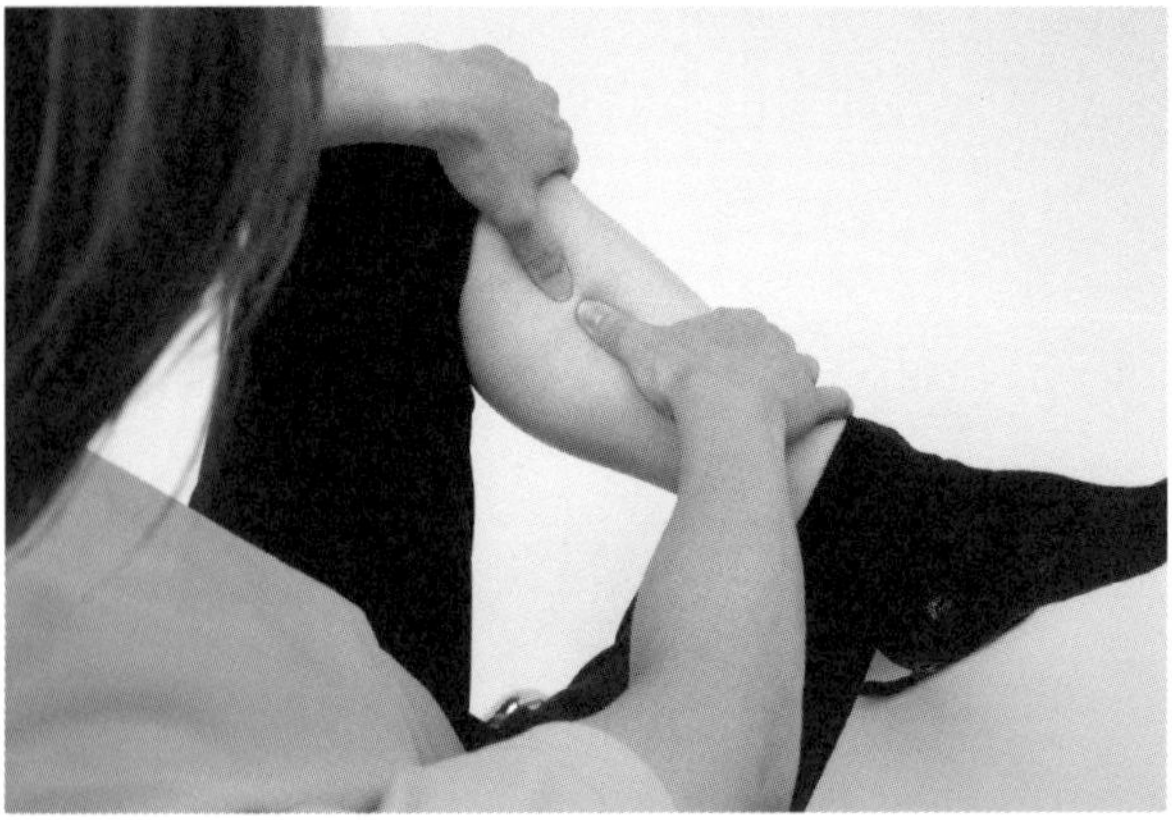

脛の骨とふくらはぎの間の柔らかい部分に、親指の腹で優しく圧をかける

【解説15－1　太ももをゆらす①】

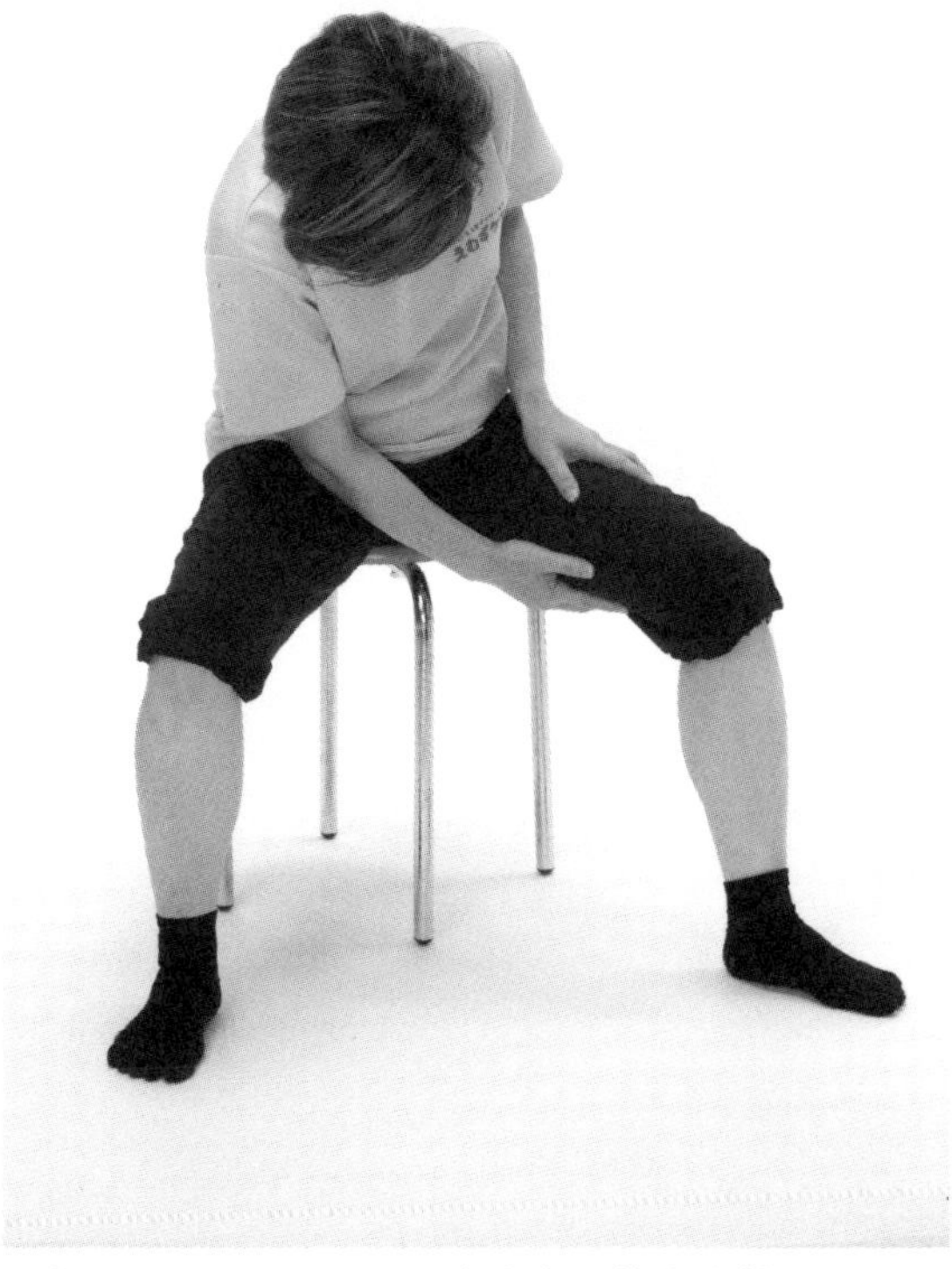

写真のようにしっかりと太ももの筋肉を持ち、左右に
素早くゆらす

【解説15－２　太ももをゆらす②】

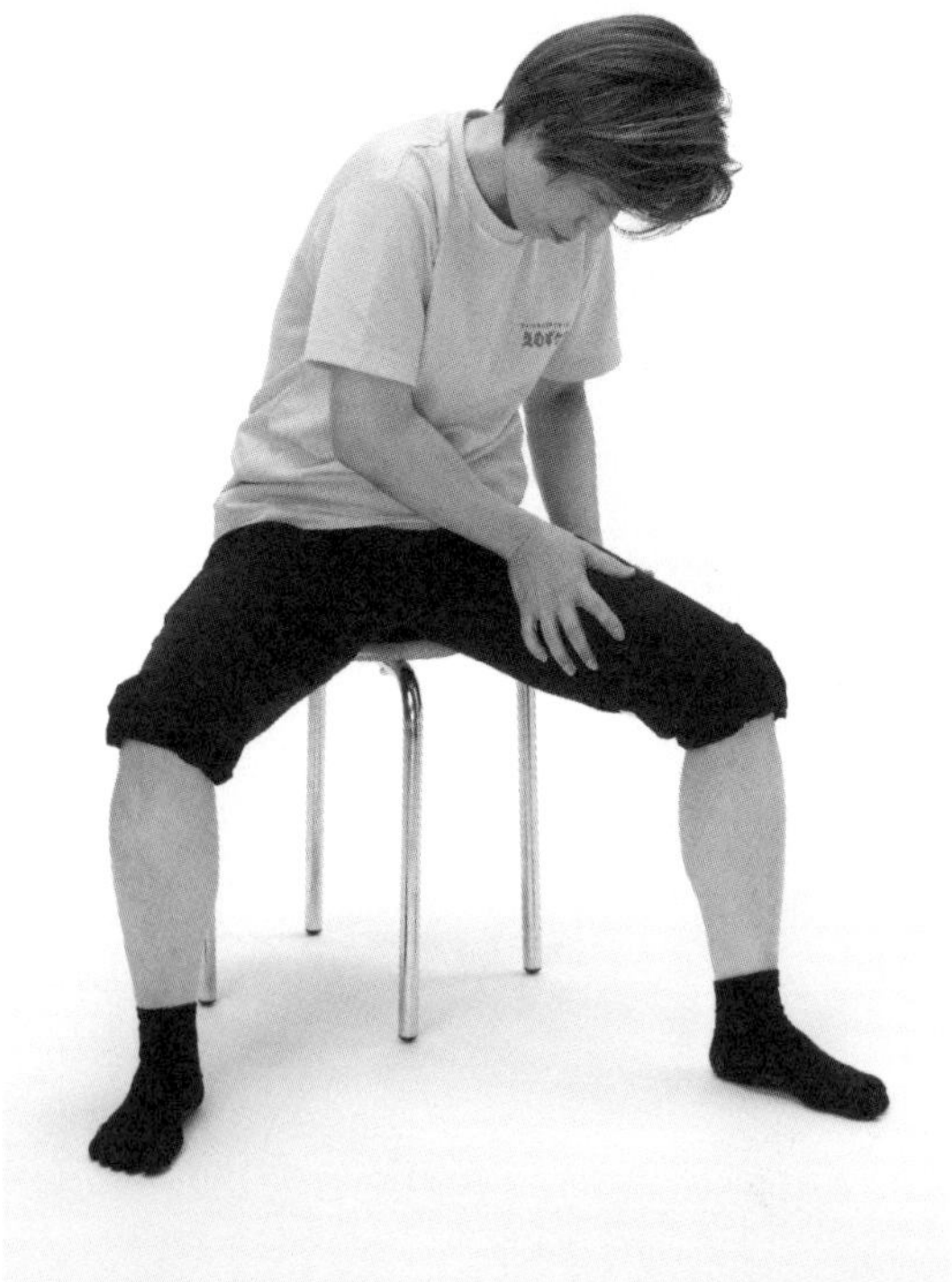

写真のようにしっかりと太ももの筋肉を持ち、左右に素早くゆらす

【解説16　ふくらはぎをゆらす】

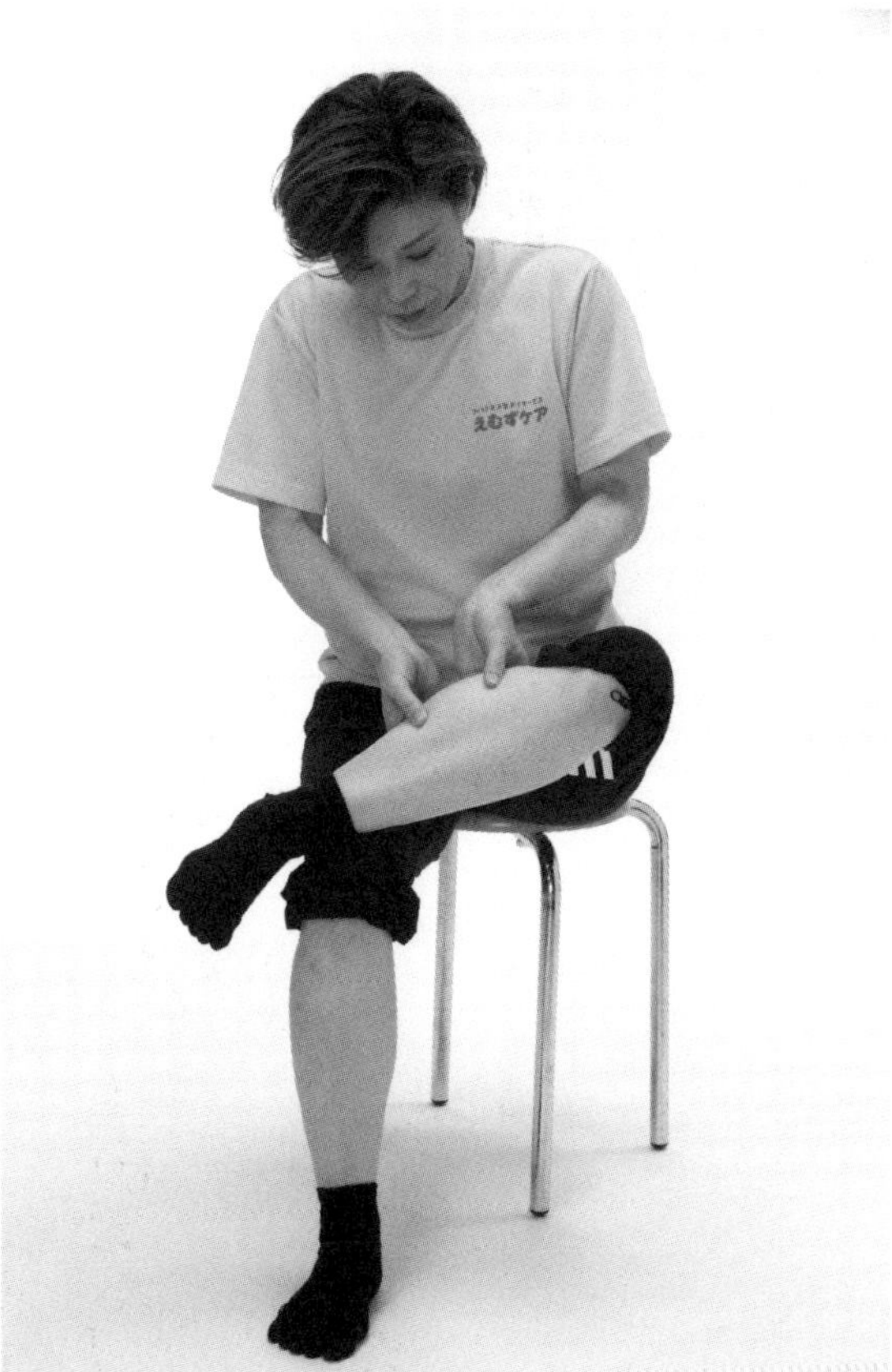

写真のようにしっかりとふくらはぎの筋肉を持ち、左右に素早くゆらす

【整体スクールでの実習風景】

第3章　楽しい運動①　太ももの筋肉を鍛える

1．スクワットで太ももを鍛える

最初は10回×1セットから

筋肉の準備運動は終わりましたか？

取り組んでいただいたみなさんの筋肉は、柔らかくなり、動きがよくなっているはずです。

いよいよここからが、身体を鍛えるための本格的なトレーニングです。

以前も書いたように、継続するためには、あまり無理をしないことが重要です。

特に最初は、物足りないと感じるくらいの回数で十分。

具体的には、10回前後でまったく問題ありません。それでも余裕があれば、5分程度の休憩をはさんでもう1セット行ってください。

さらに余裕が残って仕方がないという方は、回数を15回に増やしてください。

最小は10回×1セット、最大は15回×2セットということです。

もう1つ重要なポイントは、時間をかけてゆっくりと行うことです。

これも具体的には、1回の動きに往復で8秒ほど費やしてください。

健康な方の筋トレの場合は「オールアウト」といって全力を出し切るまで行いますが、本書のメニューではその必要はありません。「ちょっときついかな」と感じてからさらに2、3回行って、トレーニングを終えるイメージです。

弱くなりやすい太ももの筋肉

見出しにもあるように、本章では太ももの鍛え方を具体的に見ていきます。

太ももの前後についている大腿四頭筋とハムストリングスは、人体でもっとも大きな筋肉です。これらの筋肉が弱ると、そもそも身体を支える力が衰え、関節や膝に負担がかかります。

そうなると、ますます動きにくくなってしまいます。歩くときも階段の上り下りをするときも、一番活躍するのが太ももの筋肉なのです。

ポイントは、前側の大腿四頭筋だけではなく、裏側のハムストリングスも同じように鍛えること。つい大腿四頭筋ばかりを意識しがちですが、前ばかり鍛えると前後のバランスが悪くなり、動きが悪くなってしまいます。

裏側のハムストリングスは、たとえば、歩くときの地面を後ろに蹴る動作を担っています。

くり返しお伝えしていますが、とても重要な筋肉なのです。

太ももの筋肉は、お年寄りだと特に弱りやすい筋肉です。

逆に言えば、ここを鍛えれば身体はぐっと自由になるということでもあります。言い換えれば、歩くのがとても楽になるはずです。

実際のところ、階段の上り下りが苦ではなくなったという感想もよく聞きます。

女性は太ももの筋肉が少ないのですが、脂肪が多いので見た目は太くなってしまいます。

そこに筋肉がつくと、太ももは引き締まって細くなり、すっきりした見た目になります。

筋力と同時にスタイルもよくなる。まさに一石二鳥ですね。

2.「楽しく」鍛えることが大事!

楽しくなければ続かない

前章でもお伝えしましたが、私たちにとっての最大の難問は「いかに続けるか」です。

少し厳しい表現にはなりますが、続かないトレーニングにはまったく意味がありません。

ときどき、思い出したように激しいトレーニングに励む人がいます。自分の気持ちのなかでは、それで満足なのかもしれません。「運動をしている」という充実感を覚えている可能性は大です。

しかしながら、「ときどき」の激しいトレーニングよりも、「毎日」の適度なトレーニングのほうが確実に効果を期待することができます。「継続は力なり」という諺はみなさんもご存じでしょうが、少なくとも介護予防の運動に関しては、確実に当てはまります。

そして、継続にとっての最大の力となるものが「楽しく」です。

これは私自身がもっとも大切にしていることでもあります。明るく声をかけ、笑顔を常に意識し、10年後も20年後も元気に歩いている自分の姿をイメージしながら取り組むこと。

それは間違いなく、運動の効果を上げてくれているはずです。

楽しくトレーニングを続けるための工夫

トレーニングを楽しく続けるためには工夫が必要です。

先ほど挙げた以外にも、音楽をかけるとか、トレーニングのためのスペースをつくるなどといった工夫にも大きな効果があります。

もっと端的にいえば、いかに自分を楽しませるか、を考えてください。

何が楽しいかはみなさんがよくご存じだと思いますので、トレーニングの邪魔にならないかぎり、どんなことでも取り入れていただいて結構です。

何より大切なのは、本書で紹介するメニューをすべてやろうとは思わないことです。もちろん、紹介している立場としてはやれるならぜひやってほしいのですが、無理は禁物です。極端にいえば、最初は1つのメニューだけでも十分です。それを確実に続けてください。

毎日行えるのが理想ですが、最初は2日に1回でも大丈夫です。

この章で太もものトレーニングをご紹介した後には、4章でお尻の筋肉を、5章でお腹の筋肉のトレーニングをご紹介します。

これらのメニューを毎日すべて行うのは現実的ではありませんので、1つの部位につき1日ずつ、ローテーションをするのがいいでしょう。

月曜日は太もも、火曜日はお尻、水曜日はお腹。

そして、週末は十分休んでください。ちゃんとトレーニングをしていれば、休んでいる間にも筋肉は回復し、強くなります。

3カ月継続できれば目に見えて効果が表れます。楽しみながらがんばりましょう。

【解説17－１　ハーフスクワット（初級レベル）①】

足を肩幅に開き、つま先と膝は真っすぐに前に向けて立つ。手は写真のように軽く肩に添えておく。視線は下に落とさず、常に2～3メートル前を向くよう心がける

【図17－２　ハーフスクワット（初級レベル）②】

足を肩幅に開き、つま先と膝は真っすぐに前に向けて立つ。手は写真のように軽く肩に添えておく。視線は下に落とさず、常に2～3メートル前を向くよう心がける

【解説17－３　ハーフスクワット（初級レベル）③】

ゆっくりと、お尻を後ろに引きながら腰を落としていく。このとき、足と上半身とが平行になるように心がける。４秒かけて腰を落とし、４秒かけて上げる。最大10回×２セット程度できる深さで行う

【解説17－4　ハーフスクワット（初級レベル）④】

ゆっくりと、お尻を後ろに引きながら腰を落としていく。このとき、足と上半身とが平行になるように心がける。４秒かけて腰を落とし、４秒かけて上げる。最大10回×２セット程度できる深さで行う

【解説18－1　ハーフスクワットのＮＧ例①】

膝が曲がらず、上半身だけが倒れてしまっている

【解説18－２　ハーフスクワットのＮＧ例②】

膝が内側に入ってしまっている

【解説19－１　フルスクワット（上級レベル）①】

足を肩幅に開き、つま先と膝は真っすぐに前に向けて立つ。手は軽く握り、肩の高さに保っておく

【解説19－２　フルスクワット（上級レベル）②】

足を肩幅に開き、つま先と膝は真っすぐに前に向けて立つ。手は軽く握り、肩の高さに保っておく

【解説19－３　フルスクワット（上級レベル）③】

膝から下と上半身が平行を保ち、太ももが床と平行になるまで腰を落としていく。動作はゆっくりと、４秒かけて落とし、４秒かけて上がる

【解説20　フルスクワットのＮＧ例】

膝が内側に入ってしまっている

３．スクワットに取り組む際の留意点

無理をしないこと

最後に、スクワットに取り組む際の留意点についてお伝えします。

何より、無理をしないこと。

本章ではハーフスクワット（初級レベル）とフルスクワット（上級レベル）という２つの方法をお伝えしました。どんなに自信がある方でも、いきなりフルスクワットに挑戦するのは危険です。３つの準備運動とは異なりますが、まずは身体をならすところからスタートしましょう。

また、最初のうちは写真の通りにできなくても大丈夫です。

焦って写真通りのポーズをとろうとすると、ケガのリスクが高くなってしまいます。

特にフルスクワットの場合は、膝に大きな負担がかかります。少しでも痛みや違和感を覚えたらすぐにトレーニングを中止してください。

ケガや故障のほとんどは、無理をした結果なのです。

ほんの少しの、あるいは、ほんの一時の無理が、その後の人生の時間にマイナスの影響を与えるのだとしたら、何という本末転倒でしょうか。

これまで少なからず、無理をしようとする人を見てきました。

おそらくは、これまでの人生をずっと頑張って生きてこられた方なのだと思います。

その姿勢自体は明らかに美しいものです。

私もそのように生きたいと常に思っています。

しかし、こと介護予防の運動に関しては、その頑張りがリスクとなる場合があります。

これはハーフスクワットの場合も同様です。

むしろ、初級のレベルだからこそ、疎かにしがちだといっておくべきかもしれません。

「こんな簡単な運動なんて物足りない」。

そんな気持ちのなかにこそ、リスクが潜んでいると心得ておきましょう。

大切なのは、強度の高いトレーニングをできるようになることではなく、自分の身体に合った、介護予防につながるトレーニングを継続して実践することです。

その意味では、他の人と比べることにもほとんど意味はありません。

自分の身体の声を聴きながら、焦ることなく、楽しく確実に続けていきましょう。

第4章　楽しい運動②　お尻の筋肉を鍛える

1．お尻は「持ち上げる」

体を支えるお尻の筋肉

本章ではお尻の筋肉を鍛えるトレーニングについて詳しく見ていきます。

お尻にはいくつかの筋肉がありますが、「中殿筋」という、お尻の両脇にある小さな筋肉が本章の一番のターゲットになります。

中殿筋は小さな筋肉ですが、立っている状態の人体を支えるとても重要な役割を担っています。中殿筋が衰えると、ふらついたり、脚に力が入りにくくなったりします。

お尻の筋肉は意識しづらいため、衰えにも気づきにくいのが特徴です。

しかし、この章のトレーニングで鍛えることができれば、さまざまな効果が実感できるでしょう。しっかり安定して立てるようになりますし、姿勢もよくなります。

このようなメリットをぜひ心に留めておいてください。

また、お尻の筋肉が鍛えられ、よく動くようになると、歩きやすくなる効果もあります。殿筋は脚を動かすためにも欠かせない筋肉だからです。

しばしば、左右に身体をゆらしながら歩いている高齢者の方を目にします。そうなってしまうのは、殿筋が弱く歩行を安定させることができないからです。殿筋を鍛えると歩く姿が美しくなるという効果もあります。しっかりとした足取りで軽やかに歩いている高齢者の方を見ると、それだけで素敵に見えてきますよね。

太ももの場合と同じく、一石二鳥といって差し支えありません。

ヒップレイズでお尻を鍛える

殿筋を鍛える方法は「ヒップレイズ」と呼ばれます。

聞きなれない言葉だとは思いますが、横向きに寝た状態で片脚を上げ下げするというものです。このメニューでは、脚をしっかりとのばし、かつ、つま先が前を向くことがポイントです。

そして、「レイズ（持ち上げる）」という言葉が示すように、お尻をしっかりと持ち上げることを常に意識し続けてください。

少し話は逸れますが、トレーニングにとって身体の動きは重要です。しかし、それと同じくらい意識の問題も重要なのです。

自分が今どの筋肉を動かしているのか。

その動いている筋肉をしっかり感じ、そこに意識を向けること。

それによってトレーニングの効果が大きく違ってきます。以前ジムなどに通ったことのある方は、トレーナーの方に教えられたことがあるかもしれません。

私たちの心と身体は、私たちが思っている以上に連動しています。

大切な人に語り掛けるように、あなたが今動かしている筋肉にも、励ましの言葉を十分に伝えてあげてください。筋肉はきっとその想いに応えてくれます。そして、期待した以上の成長を見せてくることでしょう。

意識と動きがシンクロしたときに、トレーニングの効果が高まる。

その点を心にとめていただき、ヒップレイズにチャレンジしていただけると嬉しいです。

いうまでもなく、他の部位のトレーニングにもこのことは当てはまります。動かしている筋肉との対話を常に心がけてください。

そのとき、「楽しく」を意識することも忘れずに。

その意味では、厳しい叱咤激励の言葉よりも、心がほっこりするような、やさしい言葉を選ぶことが大切かもしれません。よろしくお願いします。

【解説21－１　ヒップレイズ①】

横向きに寝ころび、腰の高さまで足を持ち上げる

【解説21－２　ヒップレイズ②】

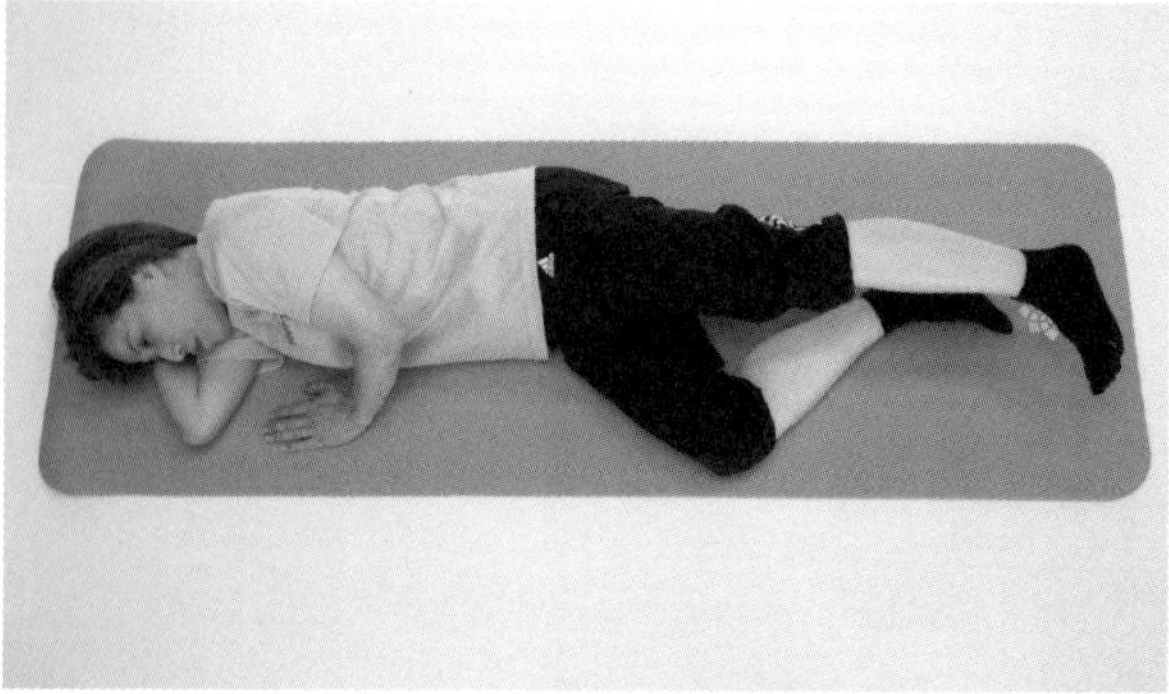

肩から足までを一直線に保つよう注意する

【解説21－3　ヒップレイズ③】

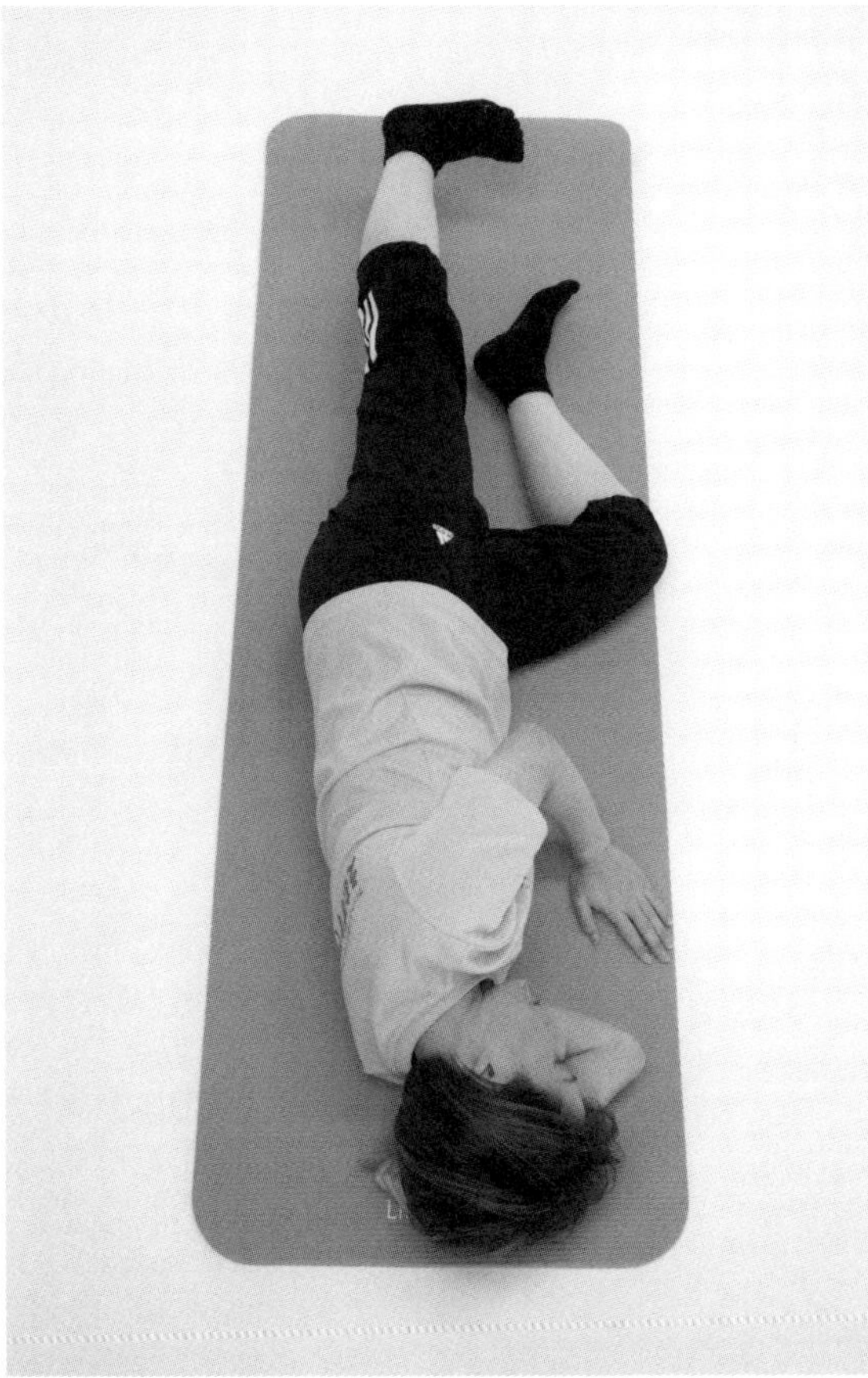

足首の関節の角度は90度。足がまっすぐ前を向くよう心がける

【解説21－４　ヒップレイズ④】

足首の確度を90度に保ったまま、お尻の横の中殿筋が固くなるまで脚を上げ、下ろす。身体が斜めに倒れないように注意する。８秒ほどかけてゆっくりと行う

【解説21－５　ヒップレイズ⑤】

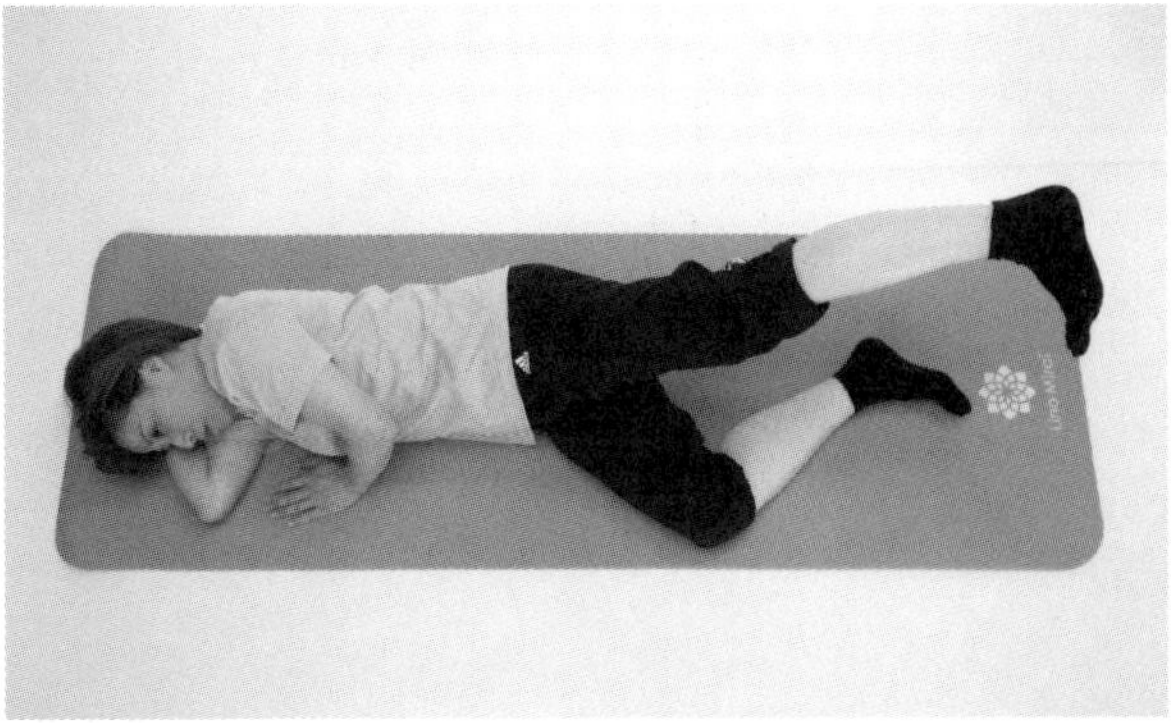

足首の確度を90度に保ったまま、お尻の横の中殿筋が固くなるまで脚を上げ、下ろす。身体が斜めに倒れないように注意する。８秒ほどかけてゆっくりと行う

【解説22－１　ヒップレイズのＮＧ例①】

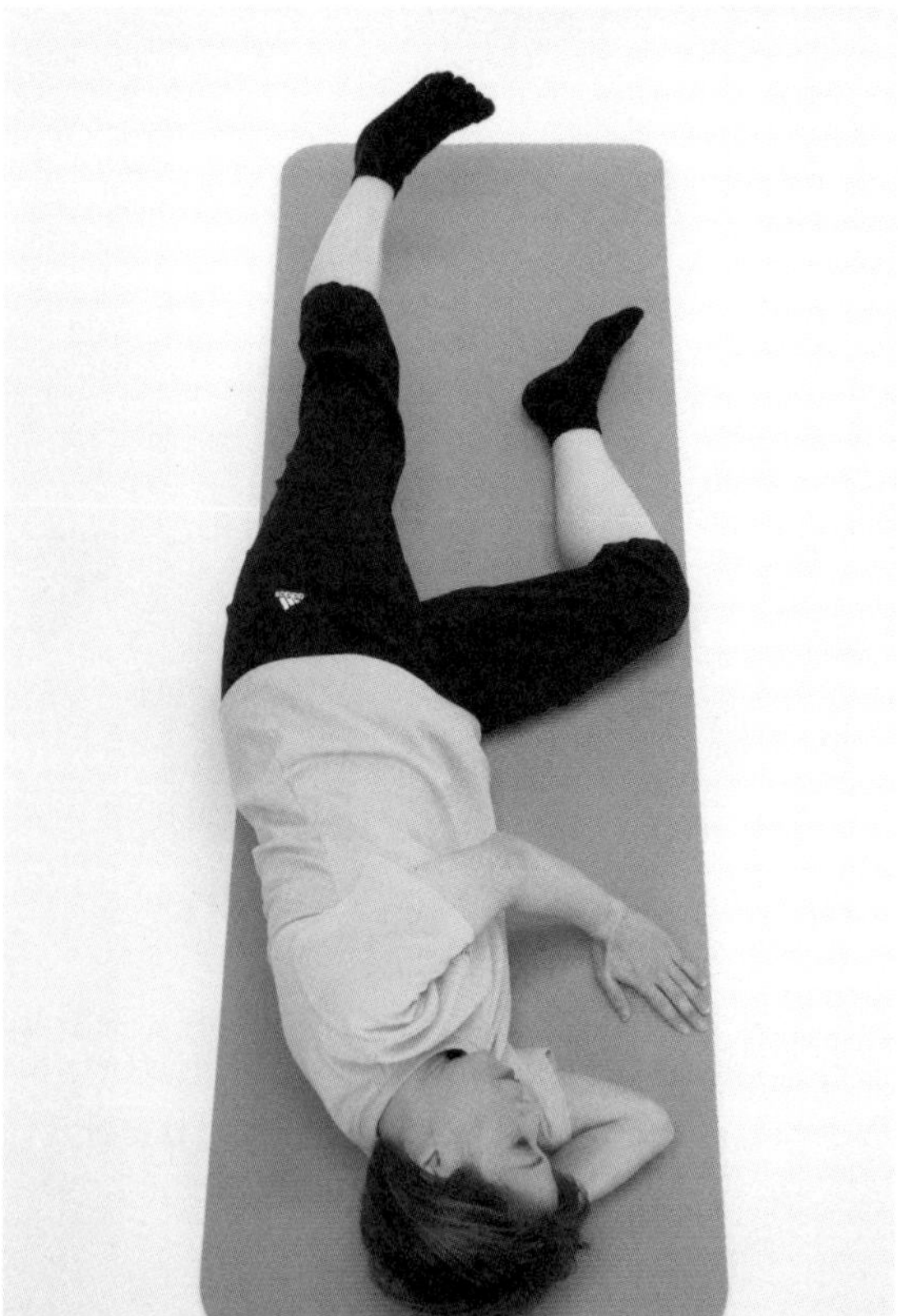

身体が後ろ側に倒れてしまっている

【解説22－２　ヒップレイズのＮＧ例②】

つま先から上がってしまっている

【解説22－3　ヒップレイズのＮＧ例③】

足を高く上げようとしてしまい、中殿筋を使えていない

2. ヒップレイズに取り組む際の2つの留意点

最後に、ヒップレイズに取り組む際の2つの留意点についてお伝えします。

① 反動をつけないこと

持ち上げるときもそうですが、特に腰やお尻を下ろす際に反動をつけないことが大切です。反動をつけたい気持ちもわからなくはないのですが、必要のない勢いがつくことで、腰やお尻を痛めてしまうリスクが高くなるからです。特に何度かくり返して辛くなってきたタイミングなどでムダな力が入ってしまいやすいので、ぜひご注意ください。

② 腹筋以外のところに力を入れないこと

手や足、腰などの筋肉に力を入れないことが大切です。特に腰の筋肉に力を入れてお尻を持ち上げてしまうと、腰にかかる負担が非常に大きくなります。ケガや故障のリスクを抑えるためにも、腹筋の力だけを意識して持ち上げることを心がけてください。

楽しく継続する

写真通りにできなくても大丈夫。楽しく継続することがここでも重要になってきます。

身体のお悩み一度ご相談ください
TEL 090-1715-5561
月~土9:00~18:00
(水・土13:00まで)
日曜・祝日

第5章　楽しい運動③　体幹の筋肉を鍛える

1．体幹とはまさに身体を支える幹である

みぞおちから股間までが体幹

最後に、体幹のトレーニングをご紹介します。

体幹という言葉自体を耳にした経験のある方は多いと思いますが、「体幹とはどこを指すのか」と訊かれた際に、即座に答えられる方は少ないのではないでしょうか。

みなさんはいかがですか？

答えは、胴体の「みぞおちから股間まで」を体幹と呼びます。

肩や胸を除いた胴体の大半が体幹であるといって差し支えありません。文字通り、身体を支える幹の役割を果たしているのだと理解することができます。

体幹の筋肉は、歩行から身体のバランスの維持まで、日常動作のあらゆる場面で活躍します。

したがって、衰えるとあらゆる運動が不安定になったり、疲れやすくなったりします。さらには姿勢も悪くなりますし、下腹部がぽっこりと出てきてしまいます。

さらに衰えが進むと、尿失禁の原因にもなります。

こうした点からもご理解いただけるように、体幹を鍛えることの効果は、単なる介護予防だけにとどまらず、よい姿勢の保持、身体の動作の安定、お腹がへこみスタイルがよくなる……などと、実に多岐に渡っています。

先に見てきた２つの運動以上に、メリットが大きいといえます。

体幹を鍛えるには腹筋！

体幹を鍛える最高のトレーニング方法は腹筋です。

古典的かつオーソドックスに感じる方も多いかもしれませんが、腹筋よりすぐれた方法はないと私自身は理解しています。

もちろん、最先端の科学技術を駆使すれば、他にもすぐれたトレーニング方法は見つかるかもしれません。

しかし、それでは誰もが安心して楽しみながら取り組むことができません。

何より大切なのは、トレーニングをしっかりと継続できる点です。その意味でも腹筋はもっとも馴染みがあり、継続しやすい運動の１つであるといえます。

体幹はさまざまな筋肉から成り立っていますので、鍛え方にもいくつかの方法があります。

本章では、何よりもみなさんがそれぞれの体力レベルに合った運動を選んでいただけるように、初級・中級・上級との3つの段階に分けて鍛え方を紹介します。

そのうえで、上半身を動かす腹筋という少し難易度の高いトレーニング方法についても記載しています。無理に高いレベルの運動にチャレンジするのではなく、ご自身の体力に合った鍛え方を選んで、着実に取り組んでいただくようお願いします。

その一方で、すべてのレベルに共通している大切な要素があります。

それは、1つひとつの動きを焦ってスピーディーにくり返すのではなく、それぞれにゆっくり時間をかけながら行うということです。

特に腹筋については、多くの人が勢いにまかせがちになります。

しかしそれでは、どれだけ多くの回数をこなしたとしても、期待する効果は見られず、やる気を失う結果につながりかねません。

速さは必ずしも強度にはつながりません。

むしろ、ゆっくり、しっかりの方が確実に高い効果を期待することができます。

そのことをぜひ、ここでご理解いただけると幸いです。

【解説23－１　腹筋（初級レベル）①】

仰向けになり、膝関節と股関節の角度を90度に保つ

【解説23－２　腹筋（初級レベル）②】

膝を胸の方向へ引き寄せながら、ゆっくりとお尻を上げる。勢いを使わず、腹筋でお尻を上げるよう注意する

【解説24－１　腹筋（中級レベル）①】

仰向けになって膝を伸ばし、天井に向ける

【解説24－２　腹筋（中級レベル）②】

つま先を頭の後ろにつけるイメージで、下腹部に力を入れながら、ゆっくりと腰を高く上げていく

【解説25－１　腹筋（上級レベル）①】

写真のように組んだ足を天井の方へ伸ばす

【解説25－２　腹筋（上級レベル）②】

勢いに頼らず、ゆっくりとお尻を上げる。足を天井の方向へ上げていくイメージで行う

【解説26－１　上半身を動かす腹筋①】

写真のように膝を立てて座り、軽くズボンを持つ

【解説26－２　上半身を動かす腹筋②】

背骨を丸めながらゆっくりと後ろに倒れていく。腰が反らないように注意する

【解説26－３　上半身を動かす腹筋③】

足の裏が床から離れないところまで上体を倒したら、ゆっくりと①の位置まで戻る。以上の動きを８秒かけて行う。最大10回×２セットにとどめること

2. 腹筋に取り組む際の留意点

1つひとつの動きをゆっくりと確実にくり返すこと

腹筋に取り組む際にも、いくつか留意点があります。

先ほどもお伝えしたように、1つひとつの動きをゆっくりと確実にくり返すことは重要ですが、それ以外にも意識していただきたい点が2つあります。

それらについて、今から詳しく見ていきましょう。

① 反動をつけないこと

この点については、前章のヒップレイズのところでもお伝えしました。

急いで行うこととも重なる部分があり、特に注意が必要です。反動をつけてしまう人の多くは、腹筋の効果＝回数という誤解を抱えています。

世の中には「腹筋○○回！」などと回数を自慢するケースも散見されますが、先にも伝えた通り、回数に踊らされてはいけません。

腹筋に効果があるかどうかを量る際の目安になるのが「疲れ」です。

運動後に疲労感を覚えたり、筋肉にハリを感じたりということがなければ、その腹筋の仕方では効果が出ないと考えて差し支えありません。

裏を返せば、疲労感やハリを覚える程度が適度な回数ということになります。回数を稼ぐために反動をつけることだけは絶対に避けていただきたいと思います。

②　完全に起き上がるという思い込みを捨てること

これも世の中に多く見られる誤解の１つであると私は考えています。

上体が完全に起き上がっていなければ腹筋ではない。

極端なケースでは、膝に頭がつかなければ効果が出ない。

そんなアドバイスを目にする機会も少なくありません。

しかし、無理に上体を起こすことは腰への負担を高め、ケガや故障につながりやすくなります。完全に起き上がらなくても、先にお伝えしたように疲労感やハリを覚えるレベルであれば、十分に効果を期待することができるわけです。

お腹の鍛えたい部分に意識をしっかりと向けながら、それぞれの写真で示した動作をゆっくりと確実にくり返すことを心がけてください。

とはいえ、すべてのレベルにおいて無理は禁物です。

疲労感やハリを目安にするのが難しい人は、ひとまず10回×2セットを目安に、可能な範囲でトレーニングに取り組むことをおすすめしています。

それでも強度が少ないという場合には、15回×2セットを最大として、少しずつ回数を増やし、トレーニング後の身体の様子を見てください。この様子を見るというプロセスを必ず怠らないよう、よろしくお願いします。

トレーニングの反動がすぐに表れるとも限りません。

自分の身体の声にも、しっかりと耳を傾けていただきたいと思います。

ただし、最後にご紹介した上半身を動かしながらの腹筋に関しては、思っている以上に負担が大きいので、最大でも10回×2セットにとどめることが望ましいです。

当たり前のことではありますが、運動の強度が高いということは、その分だけ、身体への負担も大きいことを意味しています。くれぐれも無理をして、より多い回数を目指して頑張り過ぎないことが大切なのです。

ケガや故障につながっては、せっかくの努力も水の泡になってしまいます。

そのような結果だけは、絶対に避けていただきたいと思うのです。

第6章　幸せな「老後」に向けた意識改革のススメ！

1．続けるためには意識も変える

運動自体はどれもシンプル

ここまで、３つの準備運動と３つのトレーニング方法をお伝えしてきました。

お読みいただいた方、なかにはすでに取り組んでみたという方もいらっしゃるかもしれませんが、どれもシンプルかつ安心して、どこでも実践できるものばかりだったと思います。

しかし、くり返しお伝えしていることではありますが、大切なのは実践することです。

そして、無理のない範囲でケガや故障を避けながら、しっかりと継続することです。

だからこそ、これらのすべてをやらなければならない、とは考えないでください。

自分に対してストイックであるというのは、ある意味では美徳であるともいえますが、少なくとも介護予防の運動にとってはマイナスに働くことのほうが多いと考えるべきです。

先述の通り、１日につき太もも、お尻などの部位を一か所ずつ、週に３～４日程度からはじめる。それでまったく問題ありません。

回数もまずは10回×１セットからはじめ、徐々に増やしていく。

あくまでも無理は禁物です。

そしてトレーニング前には必ず、「さする」「ゆらす」「ほぐす」を忘れないでください。

これらの準備運動は、ケガや故障のリスクをできるだけ少なくするためには欠かせないものです。しっかりと筋肉を温め、トレーニングに向けての準備を整えてください。

私としては、この準備運動が本当に大切だと考えています。

本書の作成を考えた当初、本格的なトレーニングについてお伝えするよりも、まずは準備運動の重要性についてじっくりとお伝えするほうがよいのではないかと考えたくらいです。

結果を出しているアスリートほど、ストレッチなど準備運動を大切にするとも聞きます。

私たちはもちろんアスリートではありませんが、基本の原理がまったく同じです。介護予防にも準備運動が欠かせない。準備運動をしっかりと行う人ほど、介護のリスクが遠ざかっていく。

少し乱暴な物言いにはなりましたが、偽らざる本音でもあります。

意識はなかなかシンプルにならない

とはいえ、やり方を学んだら誰もができるというわけでもありません。

日本子どもフィットネス協会公認ディレクター
時代の著者

どれだけ方法がシンプルなものであったとしても、「しっかり続けよう！」という意思がなければ真に効果のある取り組みを継続することはできません。

その意味で、私たちの意識が変わらなければ、介護の予防は難しいというべきです。準備運動やトレーニングの方法がシンプルであるのと反比例するかのように、私たちの意識は、なかなかシンプルに1つの方向を目指してはくれません。

人間は考える動物であり、常にさまざまな角度から多くのことを考えています。

こう書くと、とても難しいことを考えているようにも見えますが、実態はそうではありません。厳しい言葉を用いるならば、多くの言い訳を考えている場合が非常に多いというのが実感です。

もちろん、私もそのなかの１人であって、日々反省をくり返しています。

そんな言い訳に関して、介護予防の運動という点に絞って見ていくならば、大きくは次の４つを挙げることができると考えています。

❑常に「忙しい」を理由する
❑自分１人だけでは前に進めない
❑「自分にはできない」と諦める
❑運動は「楽しくない」と思っている

あなたがしっかりと介護予防に取り組むためには、これら４つの言い訳をクリアし、しっかりと運動を継続するという方向に意識を向けていく必要があります。

「自分は大丈夫」と思った人ほど危ないものです。

ここからは４つの言い訳を克服するための考え方について、私なりに思うところをお伝えします。少しおおげさかもしれませんが、みなさんの幸せな「老後」に向けた、意識改革のススメといったイメージで捉えていただけると幸いです。

そして、その先にいつまでも健康に自分の足で歩いている未来を想像しましょう。

きっとそれが何よりの励みになると信じています。

2. 忙しさを理由にしない

現代人は忙しい?

意識改革のススメの第一弾は、忙しさを理由にしないことです。

とはいえ、現代を生きる私たちはいつも忙しい生活を送っています。

人によって忙しさの種類はそれぞれでしょうが、仕事に追われ、子育てに追われ、または日々の家事に追われ……などといったことを、みなさんもきっと感じておられることと拝察します。

さらには、スマホやパソコン、テレビなどメディアを通じて多くの情報が流れ込んでくる。SNSのコミュニケーションは今や人間関係のベースともいえる状況であり、既読スルーなどは決してあってはならない。

私にも当然のことながら、思うところがたくさんあります。

こまめな情報処理や言葉のキャッチボールは現代特有の忙しさであり、ただでさえ忙しい日々をさらに息苦しくしているようにも思われます。情報化が進み、社会はとても便利になりましたが、便利になったという実感はそこまで大きく感じられないのではないでしょうか。

「運動する時間があったら仕事に充てたい」
「今は運動よりも友人との付き合いを大切にしたい」
「明日どうしても出かけなればならない用事がある」

このように、自らを運動から遠ざける言い訳はいくらでも湧いてきます。くり返し「言い訳」という表現をつかっていますが、断定的な物言いを不快に感じられる方々も少なからずいらっしゃるだろうと覚悟はしています。

それでも、あえて私はお尋ねしたいと思います。

本当にみなさんは、そこまで忙しいのでしょうか？

もっと正確にいうならば、1日15分の運動時間を捻出できないほどに忙しいのでしょうか？

前章までにお伝えしてきた運動は、3つの準備運動を含めても、概ね15分程度で終えられます。慣れるまでの時間や、ゆっくり取り組む姿勢を考慮したとしても、30分もあれば十分です。

それだけの時間を捻出することができない。しかも毎日。

本当にそうなのでしょうか？

「忙しい」は気持ちの問題

先の問いに対して、多くの方が「ＮＯ」と答えるのではないでしょうか。

あるいは、少しだけ後ろめたい気持ちを抱えながら、下を向いてしまうかもしれません。

運動を続けようという気持ちがあれば、１日30分など簡単に捻出することができます。

ネットサーフィンをしている15分、テレビを観ている15分、そして、意味もなくただスマホをいじっているだけの30分……スキマ時間はいくらでも見つけられます。

寝る時間を少しだけ遅らせて、それを介護予防に充てることも十分に可能です。

問題は物理的な時間ではありません。

「時間がない」「疲れている」「介護の話なんてまだ早いだろう」などと何らかの理由をつけて、だから「運動しない」という結論を引き出す気持ちのほうにあります。

どうしても時間ということを問題にするのであれば、私たちの「心理的時間」だけが常に忙しい状況に追い込まれているといってもよいかもしれません。

いずれにせよ、「運動しない」という気持ちが未来への不安を上回っています。

その理由として、「何があっても運動は嫌だ」「歩けなくなる未来のリアリティがない」といった2つを挙げることができるでしょう。

前者のケースについて、私ができることはないかもしれません。

ですが、後者のケースについては改めて、声を大にして介護のリスクをお伝えしたいと思います。本書の冒頭でもお伝えしたように、介護はする方にとってもされる方にとっても苦しいものです。美談にするのは簡単ですが、決してそれだけで済むものではありません。

寿命が長くなっても、健康寿命が自動的に延びるわけではないのです。

リターンをしっかりとイメージする

未来へのリアリティをしっかりと持つこと。

他ならぬ「自分」が歩けなくなる未来は決して非現実的なものではないと理解すること。

とはいえ、気持ちがネガティブなままでは、足はさらに遠のいてしまうかもしれません。

それは明らかに、あなたにとっても周囲の人たちにとっても不幸な事態です。

状況をポジティブなものに変えていくには、将来へのイメージを変える必要があります。

そのためには、運動から得られるリターンをしっかりと思い浮かべることが重要です。運動の効果は今すぐに見て取ることができません。今日1日の15分の運動で心肺機能や筋力がどれだけアップしたのかをリアルに感じ取ることができません。

しかし、継続しているかぎり、効果は必ず表れます。

髪の毛や爪が延びていく様子を日々実感することはできませんが、必ず延びて切りたくなるのは、ほとんどの人が実感しているところでしょう。

運動の効果＝リターンもそれとまったく同じなのです。

人によって効果は必ずしも一緒ではありませんが、1日15分の運動をしっかりと継続できれば、2～3カ月後にはハッキリと自覚できる効果が表れるはずです。

それが5年、10年と続けば、どれだけのリターンがあると思いますか？

その先には必ず、自分の足で歩ける未来が待っています。

個人としての尊厳を損なうことなく、大切な家族にも負担をかけることなく、自分もまた幸せに老後を過ごすことができる。

そのために、「忙しい」という言い訳を今からなくしていきましょう。

3．自分だけで抱え込まない

人は孤独に陥りやすい

人間は集団を形成して生きる動物です。

どんなに強い人であっても、自分だけの力で生きていくことはできません。直接／間接を問わず、どこかで誰かと何らかの形でつながっているのが人間です。

にもかかわらず、孤独に陥りやすいのも人間の特徴であると私は感じています。

だからこそ意識改革のススメの第二段として、自分だけで抱え込まないという点を強調したいと思ったわけです。

仲間がなければ生きていけない存在でありながら、いや、そのような存在だからこそ、私たちは肝心な問題ほど誰かに打ち明けることができず、自分だけで抱えてしまいがちです。

それが問題の解決を遅らせ、解決の遅れは問題をさらに深刻なものにしてしまいます。

心のなかでは「自分1人では前に進めない」とわかっているのに、それを口に出すことができず、悶々とした日々を過ごしてしまう。

私にも少なからず、そのような経験があります。

しかし、それ以上に、仲間の存在に助けられた経験もあります。

自分にはなかった知識を与えてくれた。解決策をていねいにアドバイスしてくれた。あるいは、思わぬところで感謝の言葉をかけてくれた。

そういった経験の数々が、私自身の力に変わり、それまでの自分にはできなかった答えを導き、ポジティブな道のりを開いてくれたわけです。

自分だけでは抱え込まないことの素晴らしさを、感じた瞬間を思い出します。

みなさんにもきっと、そのような瞬間がいくつもあったはずです。

まずはそれをしっかりと思い出してください。

そして、みなさんが抱える老後への不安の陰には、常に孤独の問題がへばりついているはずです。

たしかに、死んでいくとき人は1人ですが、そこまでの道のりをずっと孤独のまま過ごすのとはまるで状況が違います。

自分だけで老後と呼ばれる時間を過ごすわけではありません。

できるだけ多くの人と、それぞれの尊厳を守りながら、力を合わせて生きていくこと。

そんな未来が訪れるとしたら、とても素敵なことだと思いませんか？

トレーニングと孤独の関係

さらに孤独の問題は、トレーニングそのものとも大きく関係しています。

どうしてトレーニングに孤独の問題が関わってくるのか？

そんな疑問を抱かれた方も少なくないかもしれません。

しかしながら、トレーニングを継続するうえで、コミュニケーションは私たちが考える以上に、重要なツールの役割を果たしているのです。

先ほどの話ではありませんが、自分だけでトレーニングを続けていると、上手くいかないなどの悩

当時は親子でのエクササイズも指導していた

みを抱えることがあったときに、それを打ち明ける相手がいません。

あるいは、疲れや忙しさのなか頑張って続けてきたモチベーションが、何かのタイミングで突然失われそうになるかもしれません。そんなとき、不安を打ち明ける仲間がいれば、温かい励ましやアドバイスをもらって救われる。

それとは反対に、仲間が1人もいなければ、強い不安に苛まれて心の糸がぷっつりと切れてしまうおそれさえあります。

頼りになる仲間がいれば、トレーニングの方法などさまざまな情報交換が可能になります。

さらに、スポーツクラブやジムに行くことを考えたときに、自分だけではハードルが高くても、仲間がいれば一緒にドアを開けてみるなどということもできるかもしれません。

身近なところに仲間がいれば、トレーニングだけにかぎっても多くの可能性が開かれます。

また、私のような運動指導をしている人も全国に相当数います。

さらに高齢者向けの運動のグループもたくさんあります。自治体が高齢者向けの介護予防運動を主催しているケースも少なくありません。探そうと思えば、仲間はたくさんいるのです。

「一人ではできなかった、続けられなかった」。

そんな言葉をこれまで何度も耳にしてきた私は、仲間の効果を心から実感しています。

4．いつかきっと「ラスボス」にたどり着ける

介護予防の運動とはゲームである

いきなり「ラスボス」と書くと、何のことかと思われた方も多いかもしれません。

そしてそれが「自分にはできないと諦める」という言い訳の克服＝意識改革のススメの第三弾とどのように関係しているのか、不思議に感じられた方もいることでしょう。

答えを最初に書いておくと、これはゲームに関係した話です。

何歳になっても動ける身体を手に入れるまでの道のり。

それは少なからずゲームに似ていると、私自身感じているところがあります。

全部のゲームがそうだというわけではありませんが、ロールプレイングゲームと呼ばれるもののほとんどは、ラスボスを倒してはじめてクリアできます。

ラスボスとは「ラストに出てくるボスキャラクター」の略語で、基本的には超のつく難敵です。ゲームを通じてプレイヤーは成長を続け、最後の瞬間でいよいよラスボスに挑み、やっとの思いで打ち勝つことができるほどの相手です。

ほとんど成長していない序盤に戦ったならば、必ず負けるといって過言ではありません。そんな相手にたどり着くことが、どうして重要なのでしょうか？

序盤に出会う小さな敵は簡単に倒せます。そこにカタルシスのようなものはありません。ゲームがいくつかのステージに分かれている場合には、各ステージの終盤に中級レベルのボスが登場し、それぞれにハードルの役割を果たします。

満足感が得られるのはおそらくこのあたりです。

最初はつまらないくらいに思っていたゲームが、次第に難易度が上がり、それとともに成長度を実感することもでき、だんだん楽しさが増してくる。そしていよいよラスボスと出会ったときには非常に多くのものを手にしている自分に出会う。

こうしてみると、介護予防の運動とゲームが似ていることに気がつきます。

たしかに、ハーフスクワット1回はつまらなく感じるかもしれません。

しかし、運動を継続していれば、いつか15回×2セットを難なくこなしている自分に出会う。多くの満足感とともに、大きなリターン＝健康な身体を手にした事実を理解することでしょう。

ぜひとも、ゲームをクリアする感覚で、トレーニングに臨んでいただきたいと思います。

ゲームには仲間がつきもの

ゲームを前提に考えたとき、もう1つの重要なポイントが見えてきます。

インターネットの発達によって、最近のゲームは家で1人もしくは友だちとプレイする状況から、ネット空間のなかで多くの見知らぬ人たちともつながり、ときに対戦したり、ときにチームとして同じラスボス退治を目指したり、といったように、「仲間」の存在を前提とした段階へ進んでいます。

まるで別物と呼んでもいいくらいの進化です。

そんなゲームをたった1人でクリアするのは簡単なことではありません。

そして前項でお伝えしたように、介護予防の運動もまた、1人で立ち向かうよりも、仲間たちと力を合わせて「ラスボス」に臨んだほうが、はるかに効果が高いといえます。

もちろん、この場合の「ラスボス」とは、「何歳になっても動ける身体」です。

それを手に入れるまでには、非常に長い旅の道のりを経なければなりません。

だからこそ、旅の仲間の存在が必要なのです。1人旅で手に入れられる成果は、それほど大きなものとはいえないでしょう。

しかし、多くの仲間が力を合わせ、時に励まし合い、時に悩みを聞きながら進んでいくことで、幸せな老後という大きなリターンを手にすることができるはずです。

何事も自分だけで抱え込まない。そのためにも仲間も存在が大切でした。

そして、介護予防の運動はゲームに似ているという観点からも、やはり仲間の大切さがクリアに浮かび上がってきます。

みなさん、ぜひとも多くの仲間を見つけましょう。

ただ待っているだけでなく、自分から積極的に声をかけていきましょう。困っている人がいれば進んで手を差し伸べ、悩みはみんなで共有しましょう。

そうした時間がすべて、大きなリターンとなってあなたのもとへ返ってきます。

大切な友人、熊谷笑子と味寺美和子

5．明るく楽しく元気よく！

3つの要素は相互に関係している

さて、本書もいよいよ最後の項になりました。

「ラスボス」ということではありませんが、本書を結ぶにあたり、私がもっとも大切にしているモットー、どんなときも「明るく楽しく元気よく」についてお伝えします。

厳密にいえば、「明るく」「楽しく」「元気よく」はそれぞれに異なる3つの要素です。

やや斜に構えた言い方にはなりますが、明るく振る舞っている人がいつも楽しいわけではなく、楽しい気分だからといって元気に見えるわけでもなく、さらに、元気な人全員が明るく、もしくは楽しく振る舞うわけではありません。つまり、それぞれまったく別のことだというのが理屈であるわけです。

それでも私は、これら3つの要素は相互に関係していると考えています。

これらの関係性について、私なりに思うところをお伝えすることで、みなさんが介護予防運動に取り組む際の、ささやかな助けになればと考えています。

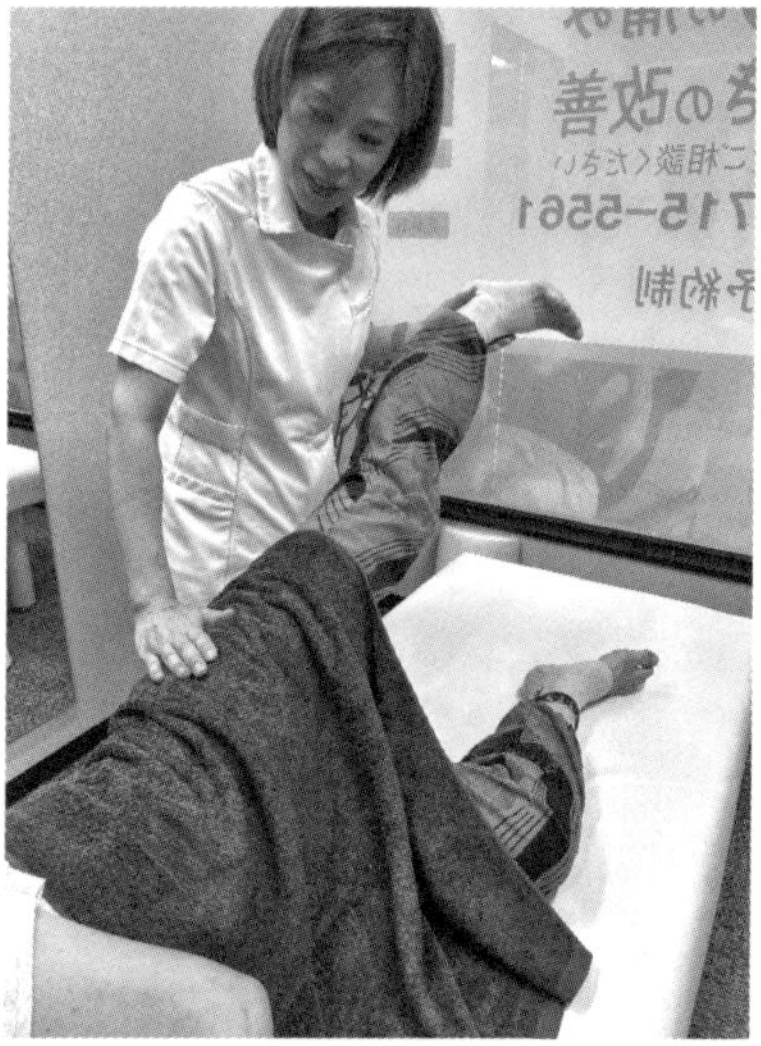

「明るく」を実践する著者

まずは明るく

最初に意識すべきなのが「明るく」です。

身体が元気であるためには、心も元気でなければなりません。

そして心が元気であるためには、自ら意識して、常に明るく振る舞うことが大切です。

先にも記載した通り、私自身も日々悩むことはあります。しっかり運動をサポートできたのか、通っていただいている方に満足してもらうことができたのか。考えはじめるとキリがありません。

だからこそ、人前に出るときには常に、笑顔でいることを心がけています。

自分が笑顔でいると、周りの方々にも笑顔が伝わっていきます。みんなが笑顔になればその場の空気が変わり、誰もが明るく過ごすことができるようになります。

そのような雰囲気のなかにいると、いつしか悩みが消えていることに気がつきます。

だからこそ、常に笑顔でいること、明るく振る舞うことが大切なのです。

そして楽しく

明るく過ごすことを意識していると、抱えていた悩みが消えていくと書きました。

そうなれば、私たちは楽しい気分になる、楽しい時間を取り戻すことができます。

とはいえ、受け身の姿勢でただ待ち続けていれば、自然と楽しい気持ちになれるというわけではまったくありません。楽しい時間を取り戻すためには1つの考え方のコツのようなものがあります。物事の捉え方といった方が正確かもしれません。

みなさんは、水が半分だけ残ったコップを見たとき、どのように感じますか？

「もう半分も飲んじゃったのか。残念……」

「よかった、まだ半分も残っている！」

楽しく過ごすためには、明らかに後者のポジティブさが重要です。

物事をポジティブに捉えることを意識していると、不思議なことに、それらの出来事のよい面がどんどん見えてくるようになるのです。

「笑ってごまかす」というフレーズも私はよく使います。これもポジティブな捉え方の1つです。みなさんもぜひ、人生をポジティブに捉えていただきたいと思います。

いつでも元気よく

人生を楽しく過ごしていると、自然と元気が湧いて出てきます。

そして、笑顔と同じように、元気もまた確実に、周りに伝播していきます。

デイサービスに通ってくる人のなかには、「今日はちょっとしんどくて、来るのをためらった」と口にする人が少なくありません。

しかし、元気に運動するなかで楽しい気分を取り戻し、帰る頃には「やっぱり来てよかった」とお話しいただくケースも非常に多いと感じています。

私にとってこれは、最高の誉め言葉の1つです。

私が「明るく楽しく元気よく」過ごすことで、利用いただく方にも「明るく楽しく元気よく」が広がったことを確認できるからです。

そのような声を1つでも増やすために、これからも真摯に取り組んでまいります。

おわりに

最後まで本書をお読みいただきありがとうございます。

私が日々考えていること、1人でも多くの方にご理解いただきたいことを、私なりには漏れなくお伝えしたつもりでおりますが、少しでも届いていれば大変うれしく思います。

私が今のような仕事をするようになったのは、ある種の必然であると理解しています。

私は子どもの頃からソフトボールに真剣に取り組んでおり、高校でも部活動を続けました。しかし、入学後すぐに、練習中に大きなケガを負ってしまいます。

最初に痛めたのは膝でしたが、膝をかばっているうちに腰までもが悪くなり、通学はもちろん、歩くこともできない、痛みがひどくて寝ることも座ることもできない。

そんな日々を過ごすことになりました。

先が見えない状況を打破するために、私は腰の手術を選択しました。

手術後は、長いリハビリの時間が待っていました。しかし、そのリハビリの時間が、私に多くを考えるきっかけを与えてくれたのです。

今でも覚えているのは、医師からプールでのリハビリをすすめられたときのことです。

当時の私は、医師からのアドバイスがあったにもかかわらず、自分1人ではリハビリにしっかり取り組むことができませんでした。

当時から明るかったとは思いますが、その時間に楽しさを見出すことがまったくできず、よって元気よく取り組むこともできない。本書でお伝えしてきたこととは、まるで反対のような時間を、当時の私は過ごしてしまっていたわけです。

そのときの経験がきっかけとなって、私はスポーツクラブでアルバイトをはじめます。目的は大きく2つありました。

1つには、現場で働きながら、人間の身体について理解を深められる点。そして、もう1つは、空いた時間を使ってトレーニングを重ねることで、自身の身体を鍛えられる点。

それらの目的を達成したいと考えるなかで、私はエアロビクスに出会います。

はじめは自分がエアロビクスに取り組み、他人を指導していくのは無理だと思っていましたが、覚悟を決めて専門的に学び、多くを吸収したことで、インストラクターの資格を取得しました。

高校時代の経験から、痛みに苦しむ人を少しでも減らしたい。そして、笑顔の人を1人でも多く増やしたい。そんな想いを常に持ち続けてきました。そのときに考えたこと、学んだことが、今の私を形づくっているといっても決して過言ではありません。

だから今の仕事をしているのは、私にとっては必然だと思えるのです。

エアロビクスを通じて、とてもたくさんの人と出会いました。

笑顔の人を少しは増やすことができたのではないかと、自負する部分ももちろんあります。

しかし、デイサービスの仕事をはじめてからは、新たな事実に気づかされることになりました。身体のどこかに痛みがあるために、運動できないというケースがあることを知りました。

それまで、元気な人だけを相手にしてきたので、この点に気づくことができませんでした。

そこからはまた学び直しです。

ここでの学びの結果、私たちの健康な人生のためには、運動が大事であること。運動をしっかり続けるためには、痛みの改善や予防が大事であることを理解しました。

すでに痛みが生じている状況では、思ったように運動することができません。だからこそ、早いうちから運動に取り組み、痛みを改善ないしは予防することが重要なのです。

健康な人と痛みのある人とでは、身体の動かし方にも違いが生じます。正しい運動をしなければ介護予防という目的を果たすことができません。

痛みがある人のこともしっかりサポートしたい。

その想いから、この5月に接骨院と整体院もスタートすることができました。

ここからさらに、1人でも多くの人に「明るく楽しく元気よく」を届けてまいります。

最後に、私を生んでくれた母に、この場を借りて感謝します。


わがままな私とうまく付き合いながら、共に働き支えてくれているスタッフのみなさん、いつも本当にありがとうございます。

個々にお名前を挙げることは叶いませんが、こんな私を好きでいてくれるみなさんにも、心から感謝の気持ちをお伝えします。

特に、かけがえのない友人である熊谷笑子さん、味寺美和子さん。私がこうしていられるもの、2人の存在があるからこそです。本当にありがとう。

会社を立ち上げるきっかけをくれたトレーナー、そして福知山市役所の皆様にも、改めて御礼を申し上げたいと思います。ありがとうございます。

最後に、本書を上梓する機会を頂きましたセルバ出版の森忠順社長、ご縁をつないで頂きました石塚洋輔さん、細谷知司にも感謝申し上げます。本書ができるだけ多くの方のお手元に届き、多くの方が健康に長く人生を送り、そして、多くの笑顔が世の中に広がっていくことを願いながら。

成田　実佐江

【整体スクールの先生】

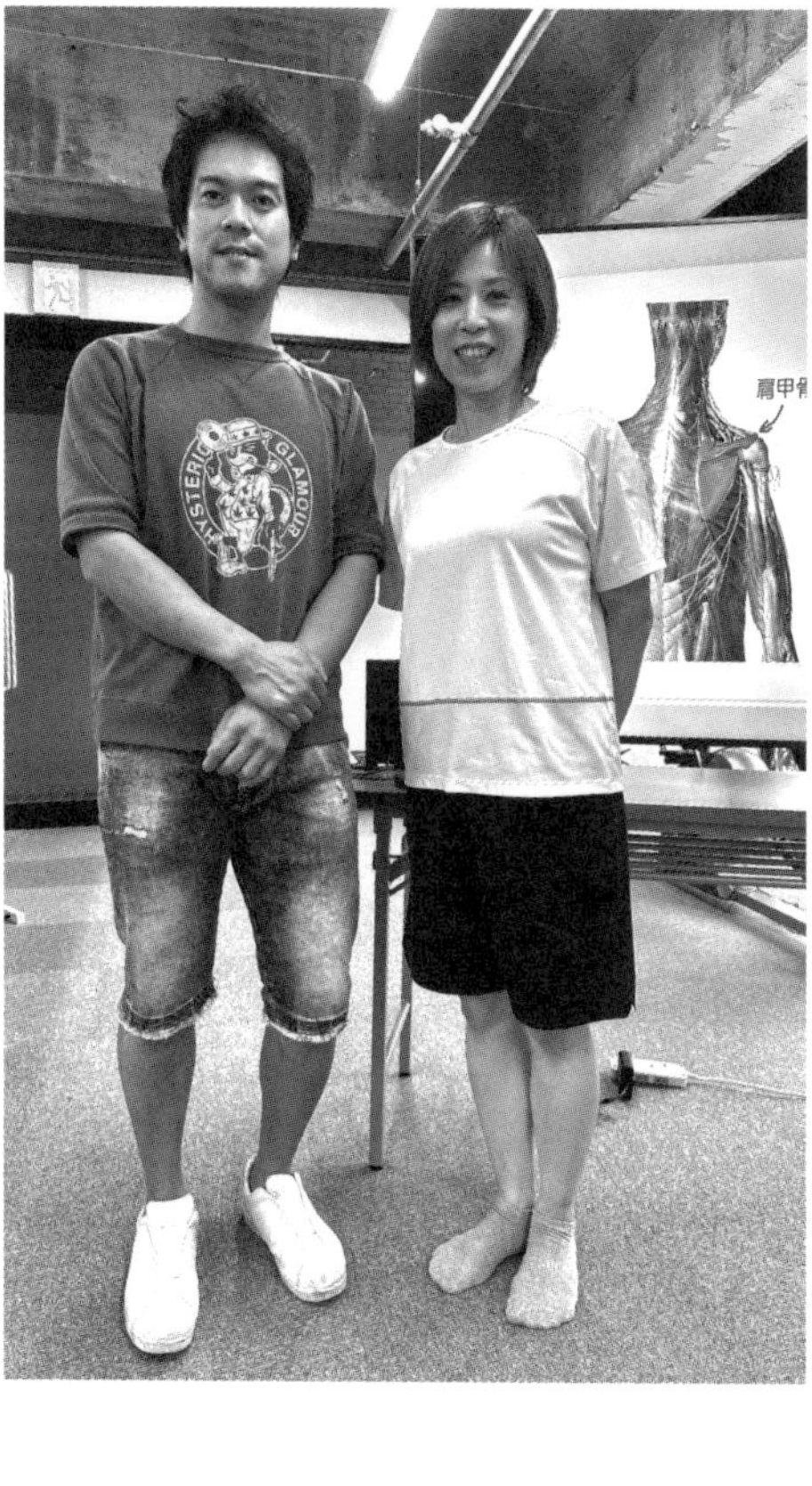

著者略歴

成田　実佐江（なりた　みさえ）

介護福祉士。健康運動指導士。介護予防運動指導員。
16 歳の頃、腰椎椎間板ヘルニアになって手術、リハビリを経験。スポーツクラブのトレーナーのアルバイトを通し、運動の知識を得てエアロビクスに携わる。年 365 回のレッスンを積み、インストラクター養成学校を卒業。
20 歳からインストラクターとしてエアロビクスの指導を始める。幅広い年齢層の受講生と関わり、技術の向上など成果を出してきた経験をもとに、高齢者の介護予防運動の指導もスタート。京都府福知山市の介護予防事業における運動指導を請け負うなど、広く評価を受ける。その後、運動指導や機能訓練に特化した「フィットネス型デイサービス」の事業を立ち上げ。6 年間で延べ 3 万人の高齢者を指導し、さらには人材育成にも力を入れ、100 人以上の指導者を排出。
現在は「フィットネス型デイサービス えむずケア」を運営するほか、こころ接骨院／ボディヘルスケア CoCoRo（整体院）も 2023 年 5 月にオープン。
「元気と笑顔を届ける」を理念に、「一生自分の足で歩いて暮らす人を増やす」ことに尽力している。

「笑顔」と「運動」で楽しく介護予防
～最後まで自分の足でトイレにいける人生を～

2023年 7 月24日　初版発行

著　者　成田　実佐江　© Misae Narita

発行人　森　　忠順

発行所　株式会社 セルバ出版
〒 113-0034
東京都文京区湯島 1 丁目 12 番 6 号 高関ビル 5 B
☎ 03（5812）1178　FAX 03（5812）1188
https://seluba.co.jp/

発　売　株式会社 三省堂書店／創英社
〒 101-0051
東京都千代田区神田神保町 1 丁目 1 番地
☎ 03（3291）2295　FAX 03（3292）7687

印刷・製本　株式会社 丸井工文社

●本書の内容に関する質問は FAX でお願いします。

Printed in JAPAN
ISBN978-4-86367-829-3